I GRANDI TA
OPERE DI BR...

277

VITALIANO BRANCATI

Don Giovanni in Sicilia

Introduzione di Leonardo Sciascia

Bibliografia e Cronologia
di Domenica Perrone

BOMPIANI

L'introduzione di Leonardo Sciascia, *Don Giovanni a Catania* è tratta da L. Sciascia, *La corda pazza*, per gentile concessione di Adelphi Edizioni.

ISBN 88-452-2038-9

II edizione "I Grandi Tascabili" maggio 1994

DON GIOVANNI A CATANIA
di
Leonardo Sciascia

Trascorrono lunghe ore in certe straducole oscure, acquattati come scarafaggi. Passano parte delle loro giornate nelle chiese, cautamente muovendosi sotto i piedi dei santi, tra gli altari e le colonne, per avvicinarsi ai confessionali a carpire il sussurro dei segreti più gelosi. Guidati da uno strano vecchio che li istruisce e consiglia camminano per i vicoli bui della città, s'infilano in bui portoni, salgono scale buie e maleodoranti. Si nascondono dietro la portiera di velluto, a soffocare di polvere e sfilacce, nell'ufficio di un ispettore generale. Si riuniscono nel retrobottega di una farmacia notturna. Si dedicano, anche fuori della loro città, a misteriosi pedinamenti. E di tanto in tanto uno di loro lancia – gemito delle viscere, lamento profondo – un *uhuuu!* di cui risuonano le prospettive barocche e la volta notturna.

Chi sono? Che cosa cercano che cosa spiano che cosa complottano? A che tanto impegno tanta dedizione tanto sacrificio? E da quali mali dell'esistenza della storia della società erompe quell'*uhuuu!* da licantropo?

Adolescenti alla fine della prima guerra mondiale, uomini maturi quando sta per scoppiare la seconda, negli anni tra le due immani tragedie è il ricordo di quella e la premonizione di questa che li muove, che li agita, che li unisce nella travagliata cospirazione? O è contro il fascismo trionfante che cospirano, contro lo Stato fascista, contro la Chiesa che si è accordata al fascismo?

Niente di tutto questo. Siamo a Catania, e sì negli anni delle guerre fasciste in Etiopia e in Spagna, della pace salvata a Monaco e affogata a Varsavia un anno dopo; a due passi dal biviere di Lentini, dell'immutato mondo verghiano di malaria e di fame; addirittura dentro la più straziante miseria e promiscuità dei quartieri popolari che si nascondono e crescono come tumori dietro le splendide quinte del barocco estremo. Ma questi giovani, figli dell'agiata borghesia dei negozi, questi giovani che ormai sfiorano il "climatérico lustro de la vida" (quando, aggiunge Góngora, il piede messo in fallo è caduta e la caduta precipizio) e che ancora vivono come figli di famiglia, altro non pensano, non sognano, non spiano, non fanno oggetto dei loro discorsi, delle loro trame, delle loro ispirazioni e disperazioni che la donna, la Donna, la DONNA.

Don Giovanni in Sicilia. Don Giovanni a Catania.

Ma è propriamente dongiovannismo, e nel senso originale e radicale e nel senso caricaturale e svagato, la dedizione assoluta e ossessiva che questi catanesi offrono alla donna? Intanto è appunto un'offerta, un rito d'offerta più che una pratica di conquista, un giuoco di immaginazione più che d'azione: e vien meno quella che si può considerare la primaria qualità dei don Giovanni, cioè il genio della pratica, il machiavellismo. Se poi il dongiovannismo è antipetrarchismo, quello dei siciliani è puntualmente il contrario: una forma quasi patologica di petrarchismo. Giovanni Macchia, nel saggio *Vita avventure e morte di Don Giovanni*, così definisce il dongiovannismo originale: "È la più violenta protesta al culto della morte instaurato vittoriosamente tra il Cinquecento ed il Seicento. Nella simbologia amorosa è la più forte ondata antipetrarchesca che abbia concepito la letteratura. Dei due poli del Cinquecento, petrarchismo e machiavellismo, è il secondo che riporta la sua vittoria. Il senso, reso autonomo dalla passione, si stacca, come la scienza della politica, anche dalla morale. Nella formazione di don Giovanni l'ateismo è elemento costitutivo e rappresentativo, ma non reclama più, come tra i libertini, alcun ossequio. Per nulla affascinato da dispute teologiche o soltanto teoriche, don Giovanni ha altro cui pensare. È un genio della pratica. Al momento buono, per omaggio alla pratica, potrà anche, quando gli farà comodo, rinnegare il suo ateismo e fingere di credere (come accade appunto in Molière). Ma egli resta sempre se stesso". E di quello oggi corrente dice che è una mezza caricatura, poiché "quell'esagerazione che un tempo violentemente lo caratterizzava, nella sua sfida alla società, alla morale, ai sentimenti onesti, è diventata accurata ed elegante deformazione", espressione "d'una società invecchiata"; e di questo dongiovannismo corrente trova modelli in qualche quadro di Boldini, nei romanzi di Brancati.

Ma i personaggi di Brancati non sono caricature più di quanto il ritratto di un gobbo sia caricatura di un gobbo. Non sono deformazione elegante ed accurata (e tanto meno divertita, come altri ha creduto) di un tipo umano, quale appunto nel segno di un Boldini di un Helleu o, più intensamente, di un Lautrec. E non rappresentano una società estenuata, invecchiata, valetudinaria. Sono personaggi reali, ma di una realtà caotica, imprevedibile e folle che mai è riuscita a costituirsi in società. E se il dongiovannismo presuppone l'esistenza di una società – l'antico don Giovanni per profanarla e irriderla nei suoi miti e riti religiosi e morali, quello di oggi per godere parodisticamente, ridicolmente fuor di stagione, gli estremi riflessi di quella profanazione – la peculiarità dei personaggi brancatiani appunto consiste nel venir fuori da una non-società e, paradossalmente, nel fatto di realizzare una forma di società, o almeno di comunione, unicamente su quel punto: la donna, l'insostituibile piacere "del discorrere sulla donna" (non sostituibile, e *aquí está el busilis*, dalla donna stessa).

Dice Dominique Fernandez nel suo vivissimo libro *Mère Mediterranée*: "In Calabria, in Sardegna, la conversazione s'impernia sul vento, sulle pecore, sulla nascita e sulla morte. Poche cose contano all'infuori di questi principî elementari e assoluti. Ogni volta, invece, che avvicino un siciliano, è come se affrontassi una battaglia il cui esito si presenti incerto. Con chi ho a che fare? Quale corda devo toccare? La sottigliezza greca, la brutalità punica, il fatalismo musulmano, l'orgoglio spagnolo, la furberia napoletana?... Il siciliano, che raccoglie in sé tutti i caratteri dell'uomo del Sud, ci tiene a distinguersi dagli altri meridionali: la ricchezza stessa delle sue doti gli conferisce una suscettibilità morbosa e gli impedisce di accettare di essere identificato con una sola delle componenti della sua polimorfa natura"; e se soffre non è per malinconia, come il calabrese e il sardo, ma per l'impossibilità di "vivere nello stesso tempo tutti i suoi personaggi". Ma dimentica, Fernandez, il "discorrere sulla donna": il punto dell'identità, il punto in cui sottigliezza, brutalità, fatalismo, orgoglio, furberia, gioia e malinconia, commedia e tragedia, slancio vitale e contemplazione della morte, convergono e si fondono. Applicando il calcolo delle probabilità alla polimorfia dei siciliani, ovviamente gli incontri tra loro (a qualsiasi livello e su qualsiasi questione ideale o pratica, come anche i più recenti avvenimenti ci dimostrano) quanto più sono numerosi tanto più riducono la possibilità di una combinazione – per servirci approssimativamente e banalmente della specificazione di Fernandez – "spagnola" o "musulmana" o "greca", e via dicendo, unitaria o almeno maggioritaria. Ma nel "discorrere sulla donna" si realizza un fenomeno di attrazione e aggregazione che attinge alla perfezione e al prodigio; si stabilisce una specie di campo magnetico che coinvolge, con effetti telepatici e di richiamo, anche coloro che sono lontani dall'epicentro dove il discorso sulla donna si svolge. E in questo senso, magnetico e magico, subito dopo il "discorrere sulla donna" (che è il piacere supremo), si costituisce come epicentro l'apparizione di una donna particolarmente bella o particolarmente formosa o particolarmente scomposta a lasciare intravedere quelle parti del suo corpo che le vesti dovrebbero coprire e nascondere.

Quando in un caffè di Caloria (lasciatemi chiamare così la città siciliana di cui facilmente indovinate il nome), quando in un caffè di Caloria vedete un gruppo che, d'un tratto, rimuove brutalmente il tavolo per essere più stretto intorno al narratore, e colui che sonnecchiava sgrana gli occhi, lampeggiando attraverso le lacrime del sonno non ancora asciugate, e il vecchio signore si passa fortemente la mano sulla bocca contorta, e il ragazzo di liceo tiene, come un confetto, la lingua fra i denti, e tutti sono curvi in avanti con le facce piene di sangue; allora siate certi che si parla della donna.

VIII

È la prima fase del fenomeno, il primo moto di aggregazione. Ed ecco che si propaga in onde concentriche o, di una parola che si leva ad esplodere nell'aria e ricade in una pioggia di faville, altri gruppi incendia dello stesso discorso:

Il narratore, a questo punto, non dice più nulla: si volta sulla sedia in modo da poggiare il braccio destro sullo schienale, di colpo si sdraia lungo il vicino, e difendendosi la bocca col dorso di una mano, con l'altra accarezza nell'aria la forma invisibile di un mento o forse di un naso. Tutti all'intorno, anche se seduti a un tiro di pietra, si accorgono che il narratore impersona una donna sdraiata. Eh, non c'è dubbio: quella è una donna sdraiata! Gli uomini, che seggono soli, si chiedono: "Chi sarà?" E qualcuno si sente battere il cuore al pensiero di una donna così. Coloro invece che seggono con le donne della propria famiglia, abbassano gli occhi e borbottano fra i denti: "Non puoi condurre tua moglie in mezzo a questi facchini di porto!"

Per colmo di misura, non è da un solo punto del caffè che arrivano queste abbozzate scene d'amore: ecco, a destra, un signore di mezza età, basso e tarchiato, che, con le dita divaricate, disegna nell'aria un gran globo e, lasciatolo così sospeso davanti agli occhi spiritati dei suoi amici, si abbandona nella poltrona di vimini e, storcendo in fuori le labbra, gira più volte la destra a mestolo, come a voler dire sgomento, meraviglia, cose dell'altro mondo, cose da pazzi. Ed ecco, più avanti, un ragazzo sottile che si mette le mani aperte a un palmo dal petto, e sporge anch'egli le labbra serrate, strabuzza gli occhi, e scuote il capo come a uno stupendo e doloroso ricordo. Ed a sinistra, un capitano di cavalleria, che cerca di allargare, col gesto delle mani, la misura dei fianchi e della propria schiena, finché al suo posto tutti non vedono una vasta e grassa odalisca... Gli ascoltatori, col fiato sospeso, si tengono il petto e si guardano fra loro, dicendogli col moto dei sopraccigli: "Fortunato capitano! Felice capitano! Che notte meravigliosa!... Una notte come questa e poi la morte! Sì, la morte! Che cosa vuoi fare di più, nella vita?" Qualcuno si alza perché, dice, non sta bene e deve rimettersi a posto, e andrà al laghetto per distrarsi coi cigni, e tornerà non appena "sarà passato".

Ma non è solo la gente seduta che s'intrattiene su questa materia...

Ed ecco una variazione del fenomeno, all'apparire di una bella donna:

Una sera, mentre sedevano in via Veneto, guardando una principessa ungherese, ferma e dritta come una palma a pochi passi da loro, un faccione rosso entrò, da un tavolo accanto, fra la spalla di Muscarà e quella di Scannapieco; e disse: "Come la mettereste voi quella lì?..." Era Monosola, un vecchio amico siciliano. Egli annunciò che tutto un gruppo di Catania, i Leoni di cancellata, il Re, il Gigante di cartone, il Sorcio martoglio e il Lucertolone, era arrivato un'ora avanti, e avrebbe dormito nella stessa pensione di Muscarà e Scannapieco.

E i particolari effetti che il fenomeno esercita sulla memoria:

Le loro tre memorie fiorirono insieme di episodi molto strani e piacevoli: sebbene non si fossero mai intesi prima, eran sempre d'accordo nel ricordare i minimi particolari di un fatto che, in verità, non era mai accaduto.

Mentre sedeva dietro il banco, ad ascoltare il rendiconto del cassiere, Giovanni si voltava a sinistra e, con un profondo sospiro, mormorava all'orecchio del cugino: "Sentirti dire: Giovanni, in amore, tu sei un dio!"

Se poi si interrogava Muscarà intorno a quella frase di Giovanni, Muscarà era in grado di raccontare come fu e quando fu e dove fu che una donna disse a Giovanni quelle parole deliziose.

I *dongiovanni in Sicilia* sembra si muovano quasi indefettibilmente nella concezione leopardiana del piacere e dei piaceri. E di ciò Brancati avrà avuto precisa consapevolezza. "Il piacere è sempre passato o futuro, e non mai presente, nel modo stesso che la felicità è sempre altrui e non mai di nessuno, o sempre condizionata e non mai assoluta... Tutti hanno provato il piacere o lo proveranno, ma niuno lo prova. Tutti hanno goduto o godranno, ma niuno gode... Il piacere è un ente (o una qualità) di ragione, e immaginario... A noi pare bene spesso di provar del piacere dicendo, o fra noi stessi o con altri, che ne abbiamo provato... Moltissimi piaceri non son quasi piaceri, se non a causa della speranza e intenzione che si ha di raccontarli. Tolta questa vi troveremmo un gran vuoto. Questa rende piacevoli le cose che non lo sono, anche le dispiacevoli ec. ec. Questi effetti però ponno riferirsi all'ambizione, al desiderio di parere interessante, ec. non a quello di comunicare e dividere le proprie sensazioni." Quest'ultimo, è l'unico punto in cui i Percolla e i Muscarà, e Brancati stesso, contraddicono Leopardi: l'effetto più importante, nel vivere o immaginare il piacere erotico con la speranza e intenzione di raccontarlo, appunto consiste nel comunicarne e dividerne le sensazioni. Che è poi l'effetto cui tende ogni forma di rappresentazione erotica e *tout court* la pornografia; e in questo senso i personaggi di Brancati sono dei pornografi. Con un precedente "locale" di inesausta e ricca tradizione quale quello di Domenico Tempio, nei cui versi si realizza una specie di petrarchismo fisiologico, di *voyeurisme* esistenziale.

Francesco Guglielmino (professore di letteratura greca e poeta d'amore di cui Brancati dirà che "è forse l'unico poeta romantico della letteratura dialettale") disse una volta a Verga, parlando dei siciliani di sé e dello stesso Verga: "Siamo romantici". E Verga: "Ma che romantici, figlio mio: siamo *ingravidabalconi*". Espressione, è il caso di dire, pregnante. Ed anche Verga era un "ingravidabalconi" (e si noti nelle sue lettere alla contessa di Sordevolo come, ad ogni tentativo che questa fa per avvicinarglisi, egli anche bruscamente si svincola e allontana a rimettere le cose alla distanza tra la strada e il balcone). Ed anche Guglielmino. Ed anche Brancati. "Questo avere i sogni, e la mente, e i discorsi, e il sangue stesso perpetuamente abitati dalla donna, porta che nessuno sa poi reggere alla presenza di lei." Nessuno.

"Di 'na finestra s'affacciau la luna": da quanti secoli la luna-donna, la luna-donna amata della lirica araba, s'affaccia a regalare splendore ("su' tanti li splenduri ca mi duna"), a suscitare il viscerale *uhuuu!* dei Muscarà, ad alimentare pensieri fantasie sogni discorsi? C'era il caid, in Sicilia ("c'è lu Gaitu, e gran pena mi duna"), quando la luna-donna si affacciava alla finestra; ma non è meno lontana e splendida la ragazza che dieci secoli dopo si affaccia dal predellino di un tram "e getta nella strada uno sguardo sfavillante" nella cui sfera velocemente tre vite ardono e si consumano: "I tre amici si mettono subito nel punto della strada in cui cade lo sguardo della ragazza, come si fa con certi ritratti; e, godendo quivi di una scialba e falsa attenzione da parte di lei, sprofondano i loro occhi nei suoi, sorridono, si grattano la fronte, fan cenni con la bocca e con gli orecchi. Già l'amano, la chiamano a bassa voce con un vezzeggiativo, in un baleno vivono tutta una vita con lei: viaggi, notti insonni, amabili litigi, serate estive in terrazzo, bagni di mare con lanci di sabbia e spruzzi d'acqua. La loro fantasia non dimentica nulla: essi sentono il terribile e soave lamento con cui ella, nella camera accanto, li rende padri di un bimbo perfetto..."

"Ma che romantici, figlio mio: siamo *ingravidabalconi*."

1970

BIBLIOGRAFIA

Scritti di Vitaliano Brancati

Fedor, Catania, Studio Editoriale Moderno, 1928.
Everest, Catania, Studio Editoriale Moderno, 1931.
L'amico del vincitore, Milano, Ceschina, 1932.
Piave, Milano, Mondadori, 1932.
Singolare avventura di viaggio, Milano, Mondadori, 1934.
In cerca di un sì, Catania, Studio Editoriale Moderno, 1939.
Don Giovanni in Sicilia, Milano, Rizzoli, 1941.
Gli anni perduti, Firenze, Parenti, 1941.
I piaceri (Parole all'orecchio), Milano, Bompiani, 1943.
Il vecchio con gli stivali e *Singolare avventura di Francesco Maria*, Roma, L'Acquario Editore, 1945.
I fascisti invecchiano, Milano, Longanesi, 1946.
Il vecchio con gli stivali, Milano, Bompiani, 1946.
Il bell'Antonio, Milano, Bompiani, 1949.
Il tenore sconfitto ovvero la presunzione punita, con *Orfeo vedovo* di Alberto Savinio e *Morte dell'alba* di Toti Scialoja, Roma, Gli spettacoli dell'Anfiparnaso, 1950.
Le due dittature, Roma, Associazione italiana per la libertà della cultura, 1952.
Ritorno alla censura. La governante, Bari, Laterza, 1952.
Paolo il caldo (postumo), introduzione di A. Moravia, Milano, Bompiani, 1955.
Teatro (postumo), Milano, Bompiani, 1957.
Diario romano (postumo), a cura di S. De Feo e G.A. Cibotto, introduzione di S. De Feo, Milano, Bompiani, 1961.
Il borghese e l'immensità (postumo), a cura di S. De Feo e G.A. Cibotto, introduzione di G.A. Cibotto, Milano, Bompiani, 1973.
Sogno di un valzer e altri racconti (postumo), a cura e con introduzione di Enzo Siciliano, note ai testi di Rita Verdirame, Milano, Bompiani, 1982.

Antologie curate da Vitaliano Brancati

G. Leopardi, *Società, lingua e letteratura d'Italia (1816-1832)*, a cura di V. Brancati, Milano, Bompiani, 1941.

F.R. de Chateaubriand, *Memorie d'oltretomba*, a cura di V. Brancati, Milano, Rizzoli, 1942.

Scritti su Vitaliano Brancati

G. Piovene, *Vitaliano Brancati*, in "L'Ambrosiano", 24 agosto 1932.

T. Landolfi, *In cerca di un sì*, in "Oggi", 4 novembre 1939.

M. Alicata, *Don Giovanni in Sicilia di Vitaliano Brancati*, in "Oggi", a. III, 21 giugno 1941, poi in *Scritti letterari*, Milano, Il Saggiatore, 1968.

E. Cecchi, *Narratori italiani*, in "Nuova Antologia", a. III, 1° marzo 1942.

P. Pancrazi, *Un umorista serio*, in "Corriere della Sera", 7 settembre 1946, poi con il titolo *Brancati moralista serio*, in *Scrittori d'oggi*, serie V, Bari, Laterza, 1950.

G. Pampaloni, *Il bell'Antonio di Vitaliano Brancati*, in "Belfagor", a. IV, n. 6, 30 novembre 1949.

E. Falqui, *Narratori e prosatori del '900 italiano*, Torino, Einaudi, 1950.

L. Russo, *I narratori*, Milano, Principato, 1950.

C. Muscetta, *Uno scrittore protesta contro la censura*, in "Rinascita", n. 5, 1951, poi con il titolo *Brancati e la censura*, in "Letteratura militante", Firenze, Parenti, 1953.

G. De Robertis, *I tre libri di Brancati*, in "Nuovo Corriere", 16 aprile 1953, poi in *Altro Novecento*, Firenze, Le Monnier, 1961.

L. Sciascia, *Ricordo di Brancati*, in "Letteratura", a. II, n. 10, luglio-agosto 1954.

G. Calendoli, *Il barocchismo di Vitaliano Brancati*, in "Film-critica", n. 41, vol. VIII, ottobre 1954.

C. Salinari, *Uno scrittore antifascista*, in "Il Contemporaneo", 9 ottobre 1954, poi in *La questione del realismo*, Firenze, Parenti, 1960.

A.G. Bragaglia, *Sempre anni difficili per il teatro di Brancati*, in "Sipario", a. IX, n. 103, novembre 1954.

E. Cecchi, *Un nipotino di Aristofane*, in *Di giorno in giorno*, Milano, Garzanti, 1954.

C. Bo, *Il Brancati nuovo e desolato di "Paolo il caldo"*, in "L'Europeo", a. IX, n. 15, 10 aprile 1955.

G. Trombatore, *Fine del gallismo*, in "L'Unità", a. IX, n. 15, 10 aprile 1955, poi in *Scrittori del nostro tempo*, Palermo, Manfredi, 1959.

G. Vigorelli, *Brancati postumo: il fallimento illuministico*, in "La Fiera letteraria", 17 aprile 1955.

A. Leone De Castris, *Vitaliano Brancati, Paolo il caldo*, in "Dialoghi", a. III, n. 2-3, 1955.

AA.VV., *Vitaliano Brancati*, in "Galleria", a. V, n. 5-6, settembre-dicembre 1955.

A. Moravia, Prefazione a *Paolo il caldo*, Milano, Bompiani, 1955.

G.C. Ferretti, *Il teatro di Vitaliano Brancati*, in "Rinascita", a. XV, n. 2, febbraio 1958.

N. Borsellino, *Moralismo di Brancati*, in "Mondoperaio", maggio 1958.

E. Artese, *Il teatro di Brancati*, in "Il Ponte", a. XV, n. 6, giugno 1959.

M. Pomilio, *La doppia crisi di Brancati*, in "Le ragioni narrative", a. I, n. 1, gennaio 1960.

G. Pullini, *Il romanzo italiano del dopoguerra*, Milano, Schwarz, 1961.

L. Jannuzzi, *Vitaliano Brancati*, in *Letteratura italiana. I contemporanei*, vol. II, Milano, Marzorati, 1963.

E. Possenti, *Dieci anni di teatro*, Milano, Nuova Accademia, 1964.

M. David, *La psicanalisi nella cultura italiana*, Torino, Bollati Boringhieri, 1966.

S. D'Amico, *Storia del Teatro*, Milano, Garzanti, 1970.

V. Gazzola Stacchini, *La narrativa di Vitaliano Brancati*, Firenze, Olschki, 1970.

L. Sciascia, *Don Giovanni a Catania*, in *La corda pazza*, Torino, Einaudi, 1970.

N. Borsellino, *Vitaliano Brancati*, in *Dizionario biografico degli italiani*, vol. XIII, Roma, Treccani, 1971.

G. Pampaloni, Introduzione a *Il vecchio con gli stivali*, Milano, Mondadori, 1971.

V. Gazzola Stacchini, *Il teatro di Vitaliano Brancati. Poetica, mito e pubblico (con inediti)*, Lecce, Milella, 1972.

E. Lauretta, *Invito alla lettura di Brancati*, Milano, Mursia, 1972.

G. Pampaloni, Introduzione a *Gli anni perduti*, Milano, Mondadori, 1973.

M. Pomilio, *Vitaliano Brancati*, in *Dizionario critico della letteratura italiana*, vol. I, Torino, UTET, 1973.

E. Falqui, *Il moralismo di Brancati*, in "Il Tempo", 20 gennaio 1974.

C. Brancati, *Mio fratello Vitaliano*, in "Memorie dell'Accademia degli Zelanti e dei Dafnici", 1974.

A. Guglielmi, Introduzione a Vitaliano Brancati, *Opere*, Milano, Bompiani, 1974.

S. Salvestroni, *La corazza e l'uso del comico in Brancati*, in "Il Ponte", a. XXXIII, n. 7, 31 luglio 1977.

L. Abrugiati, *Il primo tempo di Vitaliano Brancati*, Lanciano, Carabba, 1977.

G. Amoroso, *Brancati*, Firenze, La Nuova Italia, 1978.

M.P. Sipala, *Vitaliano Brancati*, Firenze, Le Monnier, 1978.

L. Sciascia, *Nero su nero*, Torino, Einaudi, 1979.

V. Titone, *Vitaliano Brancati*, Palermo, Vittorietti, 1979.

R. Luperini, *La letteratura meridionale: Alvaro, Brancati*, in *La letteratura italiana. Storia e testi. L'età presente. Dal fascismo agli anni settanta*, vol. X, tomo I, Roma-Bari 1980.

F. Spera, *Vitaliano Brancati*, Milano, Mursia, 1981.

E. Siciliano, Introduzione a *Sogno di un valzer*, Milano, Bompiani, 1982.

L. Sciascia, Prefazione a *Diario romano*, Milano, Bompiani, 1984.

D. Perrone, *Brancati: la ragione e il comico*, in *I sensi e le idee*, Palermo, Sellerio, 1985.

AA.VV., *Vitaliano Brancati nella cultura europea* (a cura di P.M. Sipala), Atti del convegno internazionale di studi Siracusa-Pachino, 26-28 settembre 1986, Siracusa, Ediprint, 1987.

V. Gazzola Stacchini, *Borgese, Brancati e il fascismo. Lettere*, in "Otto-Novecento", a. XII, n. 6, novembre-dicembre 1988.

S. Addamo, *Appunti per Vitaliano Brancati*, in *Oltre le figure*, Palermo, Sellerio, 1988.

A. Di Grado, *L'orologio di Brancati: Spazio e tempo a Nataca*, in *Scritture della crisi. Espressionismo e altro*, Catania, Maimone, 1988.

P. Fabbri-G. Marrone, *La luce del sud. Appunti semiotici*, in "Nuove effemeridi", a. II, n. 8, 1989.

A. Di Grado, *I quarant'anni del Bell'Antonio*, "La Sicilia", 25 e 28 gennaio, 1° e 3 febbraio 1989.

F. Spera, *Brancati e la natura siciliana*, in *Novecento. Gli scrittori e la cultura letteraria nella società italiana*, vol. XI, tomo I, Milano, Marzorati, 1989.

R. Contarino, *Vitaliano Brancati ovvero i "piaceri" del moralista*, in *L'umorismo e il comico e altri studi di letteratura siciliana*, Rovito, Marra, 1991.

G. Ferroni, *Vitaliano Brancati: vita e figura intellettuale*, in *Storia della letteratura italiana. Il Novecento*, vol. IV, Torino, Einaudi, 1991.

N. Tedesco, *Per Brancati. L'esistenzialismo 'siciliano' e la poetica dell'insignificanza*, in *La scala a chiocciola*, Palermo, Sellerio, 1991.

S. Zarcone, *La carne e la noia. La narrativa di Vitaliano Brancati*, Palermo, Novecento, 1991.

D. Perrone, *La sintassi del "malinteso" e il "realismo assoluto"*, in Vitaliano Brancati, *Opere (1947-1954)*, Milano, Bompiani, 1992.

D.P.

CRONOLOGIA
di
Domenica Perrone

1907

Vitaliano Brancati nasce a Pachino, in provincia di Siracusa, il 24 luglio, da Rosario, avvocato con interessi letterari, e da Antonietta Ciàvola. Entrambi i genitori appartengono alla media borghesia.

1913-1917

A causa dei frequenti spostamenti del padre, che è impiegato di prefettura, l'infanzia del piccolo Vitaliano trascorre fra Pachino, Ispica e Modica. In quest'ultima cittadina l'avvocato Rosario Brancati viene trasferito nel 1913. Al soggiorno modicano lo scrittore rimarrà particolarmente affezionato come attestano alcune pagine autobiografiche del suo primo romanzo *L'amico del vincitore*. Nella remota provincia ragusana al giovane Brancati giunge pure l'eco della prima guerra mondiale che lo impressiona a tal punto da fargli incentrare in seguito un suo dramma, *Piave*, sugli avvenimenti del '17.

1920

In seguito a un ulteriore trasferimento del padre, Brancati si stabilisce a Catania, la città della sua formazione, che diverrà il *topos* privilegiato della sua invenzione. Al liceo classico conosce il grecista e poeta dialettale Francesco Guglielmino cui lo scrittore rimane legato da grande affetto e stima.

1924-1928

Nel 1924 Brancati fonda e dirige la rivista *Ebe*, di ispirazione dannunziana, dove pubblica fra l'altro alcune sue liriche. Nello stesso anno si iscrive al partito fascista.

Tra il 1924 e il 1926 compone il poema drammatico *Fedor*, che viene pubblicato a Catania nel 1928 con una dedica a Borgese. Sempre nel 1928 scrive il "mito in un atto" *Everest*, che si ispira alla figura di Mussolini. Intanto va leggendo, oltre a D'Annunzio, autori come Ibsen, Pirandello, Bergson, Gentile, Leopardi.

1929

Brancati si laurea in lettere con una tesi su *Federico De Roberto, critico, psicologo e novelliere*, dando così inizio a un interesse costante per l'opera e per l'onestà intellettuale dello scrittore siciliano.

Comincia a collaborare al quotidiano romano, diretto da Telesio Interlandi, *Tevere*, dove scrivono altri siciliani come Lanza, Aniante, Savarese, Vittorini.

1930-1931

Nel 1930 Brancati incontra a Perugia, all'Università per stranieri, Borgese, lo scrittore e critico per il quale già nutre grande ammirazione e stima, come testimoniano i numerosi articoli su di lui pubblicati sul *Giornale dell'Isola* e sul *Popolo di Sicilia* in questo periodo. È un incontro, questo, che non dischiude ancora al giovane scrittore la lezione antifascista dell'intellettuale più affermato se, alla distanza di un anno, un altro di segno opposto lo entusiasmerà altrettanto. Nel 1931 infatti Brancati viene ricevuto da Benito Mussolini a cui si è segnalato con la pubblicazione, nello stesso anno, di *Everest*. Intanto si fa più intensa la collaborazione dello scrittore a giornali e a riviste, quali *Lavoro fascista*, *Critica fascista*, la rivista di Bottai, e *Popolo di Sicilia*.

1932

Pubblica *Piave*, un dramma sulla disfatta di Caporetto. L'opera viene rappresentata, con la regia di Bragaglia, al teatro Valle di Roma. Collabora al *Popolo d'Italia* e a *Convegno*, mentre stampa un'opera inquieta e non conformistica come *Il viaggiatore dello sleeping n. 7 era forse Dio?*

XVIII

Brancati lavora intanto all'idea di uno spettacolo da rappresentarsi in uno stadio per le masse, che cercherà di realizzare scrivendo *L'urto* (*Quadrivio*, 1934), un dramma che non fu mai rappresentato. In agosto Interlandi e Chiarini danno vita alla rivista *Quadrivio*, e Brancati ne diviene il redattore-capo. Intanto collabora anche alla *Stampa*.

Borgese dall'esilio americano gli scrive una lettera, che sarebbe stata poi riportata in parte in *I fascisti invecchiano*, in cui muove accuse al regime fascista.

1934

Pubblica *Singolare avventura di viaggio*, un romanzo breve a sfondo erotico che si allontana dal tono celebrativo delle opere precedenti. Luigi Chiarini lo recensisce negativamente proprio su *Quadrivio*. Qualche mese dopo Brancati si dimette da redattore-capo della rivista, anche se continua a pubblicarvi degli articoli. Il romanzo viene censurato per immoralità.

Tutto questo fa precipitare la crisi dello scrittore. Il 1934 si pone pertanto come spartiacque tra il periodo fascista e quello antifascista dell'autore. Brancati stesso in seguito lo indicherà come l'anno in cui maturerà in lui l'ispirazione comica. Comincia a scrivere *Gli anni perduti*.

1935-1936

Nel 1935 Brancati torna in Sicilia e si prepara al concorso per l'insegnamento negli Istituti Magistrali. Da questa posizione volutamente defilata fa sentire la propria presenza nell'ambiente romano con la pubblicazione su *Quadrivio* di alcuni racconti e di un articolo a puntate su Federico De Roberto.

Nel 1936 ritorna a Roma, ma frequenta fascisti di fronda come Mino Maccari e Leo Longanesi, con i quali condivide il gusto della satira di costume e l'anticonformismo. Ancora nel '36 comincia a collaborare a *Omnibus*, la rivista di Longanesi alla cui realizzazione lavorano pure gli innovatori del giornalismo italiano Arrigo Benedetti e Mario Pannunzio.

1937

Torna in Sicilia, a Caltanissetta, per insegnare nell'Istituto Magistrale. Al successo romano Brancati preferisce la vita appartata e dignitosa di professore. Egli oppone in tal modo ai miti e ai clamori del regime la noia e la solitudine della provincia e le carica di significati antifascisti: è quanto Brancati farà trasparire dalla vicenda del protagonista di un suo celebre racconto, *La noia nel '937* (1944). È questo un momento centrale nell'itinerario intellettuale brancatiano. Lo scrittore rivede le proprie coordinate culturali e vi annette nuovi autori come Croce, Mann, Proust, Joyce, Gide. La collaborazione a *Omnibus* diviene assidua. Nel rotocalco romano infatti Brancati dispiega e approfondisce la propria vena comica attraverso la satira di costume delle *Lettere al direttore*.

1938

Pubblica sulla rivista di Ferrieri *Convegno* la commedia *Questo matrimonio si deve fare*, che rappresenta una svolta della tematica teatrale brancatiana, tra satira di costume ed esame interiore del personaggio. Continua a tenere la rubrica delle *Lettere al direttore* su *Omnibus*, dove a partire dal mese di agosto comincia a pubblicare a puntate *Gli anni perduti*. Su *Quadrivio* esce il romanzo breve *Sogno di un valzer*.

1939-1940

Scoppia la seconda guerra mondiale. La malinconia e la noia provate fin qui si trasformano nella "benigna Disperazione", come la definirà Brancati stesso nei *Piaceri della disperazione*. Il 1939 è il culmine di un sofferto periodo di transizione iniziato nel 1935.

Un altro episodio di intolleranza del regime fascista risalta agli occhi dello scrittore: la rivista *Omnibus*, che si era segnalata per la *vis* polemica e l'anticonformismo, viene soppressa su ordine del Minculpop col pretesto di un articolo di Alberto Savinio, ritenuto irriverente, che allusivamente prendeva di mira l'Alto Commissario di Napoli.

Comincia a collaborare al settimanale *Oggi*. Nel 1940 scrive a Zafferana Etnea *Don Giovanni in Sicilia*. L'Italia entra in guerra.

1941-1942

Si stabilisce a Roma. Si dedica particolarmente al lavoro teatrale e frequenta le scene della capitale. Qui, al teatro dell'Università, vede per la prima volta la giovane attrice Anna Proclemer di cui si innamora subito.

Nel 1941 pubblica *Don Giovanni in Sicilia*.

Su *L'Italiano*, settembre-ottobre 1941, pubblica insieme a Longanesi il *Piccolo dizionario borghese*. Rimedita sulla letteratura del passato e approfondisce la lettura di autori dissimili, ma accomunati da una stessa tensione morale, come Leopardi e Chateaubriand, di cui introduce rispettivamente un'antologia dello *Zibaldone*, nel 1941, e una scelta antologica delle *Memorie d'oltretomba*, nel 1942. L'antologia leopardiana costituisce l'inizio di un lungo e fruttuoso rapporto con la casa editrice di Valentino Bompiani.

Sempre nel 1942 pubblica *Le trombe d'Eustachio*, che va in scena nello stesso anno al Teatro dell'Università di Roma. Durante le prove dello spettacolo conosce direttamente Anna Proclemer alla quale dalla Sicilia, poco tempo dopo, dichiara in una lettera il proprio amore.

1943

Al teatro delle Arti di Roma viene messa in scena da Bragaglia la commedia *Don Giovanni involontario*. Alla quinta replica lo spettacolo però viene fatto sospendere dalle squadre del GUF, mentre *Roma fascista* lancia critiche violente all'autore e al regista. Un'altra opera brancatiana dunque dovrà sopportare il veto della censura e solo dopo tredici anni otterrà il permesso per una nuova rappresentazione.

Lo scrittore pubblica *I piaceri*, una raccolta di saggi usciti in vari periodici in cui si condensa tutta la sua tensione morale e intellettuale. In aprile torna in Sicilia e nel momento bellico più duro per l'isola si trova a Zafferana Etnea. Brancati avverte intensamente la drammaticità degli avvenimenti, tanto da farne materia narrativa di una parte del *Bell'Antonio* e di alcuni racconti.

1944-1945

Nel clima di fiducia dell'immediato dopoguerra Brancati manifesta una momentanea simpatia per la sinistra. Ma già il pessimismo politico dello scrittore si intravede in racconti antifascisti come *Il vecchio con gli stivali* (1944), in cui egli ripercorre tutto l'arco del ventennio fascista attraverso l'anonima vicenda di un uomo comune. Tra autoesame e analisi del costume e della psicologia di massa del fascismo si svolgono inoltre le *Cronachette del 1945*, pubblicate su *Città libera* nel 1945 e poi inglobate nel volumetto del '46 *I fascisti invecchiano*.

A Catania rivede Anna Proclemer che è impegnata a girare il film *Malìa*.

1946

Si trasferisce di nuovo a Roma, dove sposa Anna Proclemer e, da questo momento, vive con "stabilità e costanza". Collabora all'*Europeo* di Arrigo Benedetti e al quotidiano romano *Il Tempo*. Negli ambienti della capitale Brancati avverte ben presto che consuetudini e metodi propri del fascismo si riaffacciano nella vita morale e politica italiana. Egli ne segnala il pericolo in alcuni articoli pubblicati sul giornale romano.

Nel novembre gli viene assegnato il premio "Vendemmia" per *Il vecchio con gli stivali*.

1947

Comincia a pubblicare sul *Tempo illustrato* le pagine del *Diario romano*, che si rivelano subito un osservatorio quotidiano dal quale lo scrittore intrattiene il suo colloquio appassionato e risentito con la società contemporanea. Collabora con un articolo al *Politecnico* di Elio Vittorini, mentre si fa più accesa la polemica con Togliatti sul rapporto politica-cultura.

Il 6 maggio nasce la figlia Antonia. Conosce Benedetto Croce, la cui filosofia della libertà, contrapposta al fideismo fascista della giovinezza, è l'insegna sotto cui Brancati conduce le proprie battaglie per la tolleranza, i diritti individuali e il rinnovamento morale.

1948

Interrompe la collaborazione al *Tempo* per contrasti politici. Comincia a scrivere sul *Corriere della sera*, dove pubblica le pagine del *Diario*. Scrive il soggetto per il film di Zampa *Anni difficili* tratto dal *Vecchio con gli stivali*. Pubblica su *Botteghe oscure* la commedia *Raffaele* che aveva avuto problemi con la censura e che solo nel 1961 potrà andare in scena.

1949

Collabora con *Il Mondo*, dove pubblica a puntate *Il bell'Antonio* che nello stesso anno esce in volume. Dalle pagine del suo *Diario* lo scrittore si pronuncia con sempre maggiore decisione sul problema del rapporto arte-società, ribadendo a chiare lettere il principio della libertà dell'artista.

1950-1951

Si dedica particolarmente al cinema, per il quale scrive molte sceneggiature. Si reca in Sicilia per un'inchiesta su *Che cosa è la fame*. Vince il premio "Bagutta" per il *Bell'Antonio*, battendo *La bella estate* di Pavese. Pubblica sul *Mondo* la commedia *Una donna di casa*.

Nel 1951 è ancora impegnato a scrivere sceneggiature. Nel *Diario* ci informa che legge *Letteratura e vita nazionale* e così annota: "Il rimprovero agli scrittori italiani di 'non vivere come propri i sentimenti popolari', di 'non porsi il problema di elaborare i sentimenti popolari dopo averli vissuti e fatti propri', è un po' gratuito. La cosa è molto più semplice: i sentimenti sono quelli che si hanno, non quelli che 'ci si pone il problema di elaborare'".

Scrive la commedia *La governante*.

1952

Pubblica il pamphlet *Ritorno alla censura* insieme alla commedia *La governante*, che non si era potuta rappresentare per il veto della censura. Dopo questo ulteriore episodio di intolleranza, il disamore di Brancati per l'età presente si acuisce. Egli vede nella mortificazione della cultura la spia di un decadimento della vita democratica italiana.

In maggio partecipa a Parigi al congresso internazionale per la libertà della cultura con un intervento sul tema *Le due dittature*. Brancati vi ribadisce la condanna di ogni forma di dittatura, sia essa di destra o di sinistra, e afferma l'inconciliabilità di politica e cultura. Egli rivendica pertanto un'ottica "moralistica" e sancisce il proprio destino di scrittore anticonformista in perenne confronto critico col proprio tempo. Questi temi confluiscono pure nell'ultimo romanzo *Paolo il caldo*, che lo scrittore comincia a stendere in questo periodo.

1953

Si separa dalla moglie. La crisi esistenziale dello scrittore diviene più profonda.

Continua a scrivere sceneggiature, fra cui quelle di *Dov'è la libertà* e *Viaggio in Italia* di Roberto Rossellini.

1954

Brancati è malato. In settembre si ricovera in una clinica di Torino per essere operato. Fino alla vigilia dell'intervento chirurgico lavora al romanzo *Paolo il caldo*, il suo libro più tormentato e complesso, e lo licenzia, anche se incompiuto, apponendovi alla fine una nota su quella che sarebbe stata la possibile conclusione. Purtroppo egli non potrà stenderla di suo pugno: muore infatti durante l'operazione il 25 settembre.

DON GIOVANNI IN SICILIA

I

Giovanni Percolla aveva quarant'anni, e viveva da dieci anni in compagnia di tre sorelle, la più giovane delle quali diceva di esser "vedova di guerra". Non si sa come, nel momento in cui pronunciava questa frase, ella si trovava con una matita e un foglio in mano, e subito si poneva a scrivere dei numeri, accompagnandosi con queste parole:

"Quando io ero in età da marito, scoppiò la grande guerra. Ci furono seicentomila morti e trecentomila invalidi. Alle ragazze di quel tempo, venne a mancare un milione di probabilità per sposarsi. Eh, un milione è un milione! Non credo di ragionare da folle se penso che uno di quei morti avrebbe potuto essere mio marito!"

"Giusto!" diceva l'altra sorella. "Giusto! Eri molto graziosa al tempo della guerra!"

Si chiamavano Rosa, Barbara e Lucia, e si amavano teneramente, sino al punto che ciascuna, incapace di pensare la più piccola bugia per sé, mentiva volentieri per far piacere all'altra.

"Eh, tu, Rosa, saresti ora moglie di un colonnello!" ripeteva Barbara. E questo perché, una sera del '15, rincasando tutt'e tre per una stradetta buia, pare che fossero seguite da una figura alta che mandava un suono di speroni e di sciabola.

"No, il capitano andava per i fatti suoi!" si schermiva Rosa.

"Amor mio," incalzava Barbara, "quando si va per i fatti propri, non si dice 'Signorina, domani parto, posso mandarvi una lettera?'"

"Ma forse lo diceva a te!"

"No, no, no; no, no, no!"

"Lo avrà detto a Lucia!"

"Figlia di Dio!" esclamava Lucia, "Barbara forse non lo ricorda, perché entrò con te nel portoncino, ma io, che mi fermai per raccattare la chiave, sentii distintamente come un sospiro che diceva 'Signorina Rosa!'"

"Può darsi, può darsi!... Dio mio, quanta gente non ritornò, di quelli che facevano chiasso nei caffè e guardavano in su, passando sotto i balconi!"

Questi discorsi non si tenevano mai alla presenza di Giovanni. Quand'egli varcava la soglia dell'edificio, la portinaia scuoteva il campanello della finestra e annunciava: "Il signore sale per le scale!" La cameriera si trascinava alla porta, gridando dietro di sé: "Il signorino Giovanni!" e le tre sorelle si mettevano a correre da tutte le parti con un rumore di piatti smossi, imposte sbattute, zolfanelli strofinati e cassettoni richiusi.

"Sei sudato?" domandava Barbara, stendendo davanti a sé una maglia dalle maniche lunghe.

"Mah, forse!" diceva lui e, postosi la maglia sotto l'ascella sinistra, andava a chiudersi nella propria camera. Mezz'ora dopo, veniva a tavola, e trovava le sorelle già sedute, con gli occhi alla porta, dalla quale egli doveva apparire, e il cucchiaio ancora asciutto nella mano destra. Durante il pranzo, scambiavano poche parole, ma tutte cortesi. Le tre donne non erano mai riuscite a liberarsi da una sorta di soggezione nei riguardi di lui: il fatto ch'egli parlava poco, che non si lamentava mai di nulla e trovava tutto buono, grazioso, non c'è che dire, e portava puntualmente due mila lire alla fine del mese, e somigliava tanto a papà del ritratto grande e a nonno della statuina a colori, come diceva Barbara, e infine, rincasando a tarda notte, camminava in punta di piedi per non svegliarle, metteva nelle tre donne un senso di tale rispetto, per cui nessuna di loro avrebbe osato, alla presenza di lui, parlare del capitano del '15, e comunque di matrimoni. A questo si aggiunga che non avevano mai cenato insieme al fratello: perché egli rincasava nel cuore della notte, e, con lo stesso silenzio e cautela che aveva usato nel percorrere il corridoio, liberava dalle salviette, in cui erano annodati, le uova sode e i piatti chiusi, e faceva sparire piano piano tutto quanto le donne avevano preparato fra l'*Ave Maria* e il primo rumore delle vetture che si recavano al teatro vicino. Quest'abitudine di non vederlo a cena era così forte che una notte Lucia, essendosi svegliata per dei crampi allo stomaco, attese un'ora nel corridoio, dietro la porta chiusa, ch'egli terminasse di mangiare e uscisse dalla sala da pranzo, in un armadietto della quale era conservata la boccetta col bicarbonato.

Qualche volta Barbara aveva tentato di penetrare, con una domanda, nella vita di lavoro del fratello: "Giovannino, viene molta gente al negozio?" Egli si passava un dito sull'orlo dell'occhio, apriva la bocca e, in mezzo a uno sbadiglio, diceva: "Eh!"

Questo aumentava il rispetto per la vita che egli conduceva fuori del loro sguardo; e l'enorme fosso, ch'egli scavava nel letto il pomeriggio, veniva colmato da tutt'e tre le sorelle, spiumacciando, insieme, la lana, e sollevando in piedi il materasso, con un fervore quasi religioso. Era la traccia del riposo di un lavoratore, altrettanto tenace e pesante come doveva essere quella del suo lavoro.

La mattina, si limitavano a camminare nella sala da pranzo, ch'era il punto della casa più lontano dalla camera di lui, e non ardivano spingere nemmeno un passo fuori di quello spazio, per timore che uno scricchiolio di scarpine andasse a svegliarlo prima delle nove e mezzo.

Quand'egli appariva sbadigliando, i suoi capelli arruffati e il suo occhio buono, che non trovava mai qualcosa di sgradevole sulla tavola già imbandita, segnavano, nel cuore delle sorelle, il momento del massimo rispetto per lui.

Giovanni si sarebbe lamentato unicamente se nella catinella di coccio avesse trovato un'acqua che non bruciava la pelle. Anche d'estate, egli accecava lo specchio, nel quale si guardava asciugandosi, col fumo che mandava dalle guance e dalle spalle. "L'acqua calda riscalda in gennaio e rinfresca in luglio!" diceva. Alle dieci, era già sulla scala, e mandava dalla porta il solito saluto: "Vado a lavorare!" Questa frase, culminante nel verbo lavorare, rimaneva nella tromba semibuia della scala, e pareva aspettarlo sino a quando egli rincasava...

Eppure, la vita di quest'uomo era dominata dal pensiero della donna! Quando, nella valle di Josafat, le tre sorelle sapranno che cosa pensava Giovanni nelle lunghe ore del pomeriggio, di che parlava con gli amici, come il suo lavoro al negozio si riducesse ad aiutare con gli occhi quello che facevano lo zio e i cugini, le povere donne rivolgeranno lo sguardo a Dio come le alunne al professore che si è degnato di far loro una burla. Ma come, Giovanni? Il serio, il buono, il rispettabile Giovanni?

Ebbene, sì! La testa di Giovanni era piena della parola donna (e di quali altre parole, Dio mio!). Narriamo brevemente la sua vita, sia pure col rischio che i lettori dicano: "Ma di quale altro Giovanni ci parlate?"

Giovannino nacque un giorno più tardi di quando doveva nascere. Per ventiquattr'ore, gli sguardi, che i parenti mandavano al grembo della madre (la quale aveva sedici anni, e, la notte, si spaventava talmente dei ladri che il marito doveva tenerle la mano nella sua, sebbene talvolta le dicesse: "Ma c'è un uomo dentro di te! Un corazziere!") furon quelli che si mandano a una tomba precoce. Il bambino, il "corazziere", che non usciva alla luce,

6

fu considerato morto, e il nonno del padre lo pianse con gli occhi asciutti e certi rumori della gola che somigliavano a colpi di tosse.

Invece Giovanni non era morto, e uscì d'improvviso alla vita, quasi con una testata. "È arrivato tardi, ma è bello!" disse la giovane che lo ricevette fra le mani. Quella parola "tardi", con la quale fu accolto dalla prima donna che lo vide, gravò sinistramente sulla vita di lui, ma in un modo totalmente contrario al proprio significato. Giovannino fu precoce, fece tutto molto presto, e la natura dovette affrettarsi a confidargli i suoi segreti. Pochi anni dopo la sua nascita, gli parlarono della donna, sotto un carro le cui aste indicavano il cielo. La strada era deserta: nel fondo, seduta davanti a un uscio più corto di lei, c'era soltanto una vecchina vestita di nero, la quale dovette ricevere, come il modellino di una barca durante il racconto di una battaglia navale, tutti gli sguardi dei fanciulli nel momento in cui si nominava il soggetto del discorso. Giovanni taceva, e sollevava di tanto in tanto, col dorso della mano, la paglia ch'era sparsa per terra. Ma, da quel giorno, la parola donna non lasciò per un minuto la sua mente. Com'è fatta? Come non è fatta? Che cosa ha in più, che cosa in meno? Il ragazzo già pigro di natura, divenne tardissimo, carico com'era di tante domande e arrovellio.

Sebbene fosse ancora nell'età in cui le signore, nel salotto in cui mancano le sedie, ci tirano con un bacio sulle ginocchia, e la cugina più anziana, nella casa di campagna in cui sono arrivati improvvisamente degli ospiti, ci fa dormire con lei, Giovannino arrossiva in tal modo quando una mano di donna gli sfiorava la testa, che nessuna osò più occuparsi di lui. Questo servì a renderlo più solitario, pigro e taciturno. Fra lui e le donne ci fu sempre una certa distanza che egli riempiva dei suoi sguardi bassi e subitanei. La sua emozione era tanto maggiore quanto maggiore diventava quella distanza. Il massimo della felicità, egli lo raggiungeva la notte, se al di sopra di un cumulo di tetti, terrazze e campanili neri, quasi in mezzo alle nuvole, si accendeva una finestrina rossa, nella quale passava e ripassava una figura di donna che, per l'ora tarda, si poteva pensare si sarebbe fra poco spogliata. (Cosa che mai avveniva, almeno con la finestra aperta e accesa.) Ma bastava una sottana di seta, arrotolata come un serpe sul pavimento, e l'ombra di qualcuno, che probabilmente si muoveva sopra un letto, posto a destra o a sinistra dal punto visibile della stanza, perché la fronte di Giovanni s'imperlasse di sudore.

Queste emozioni precedettero di qualche anno una brutta abitudine, comune a tutti i ragazzi della sua età, ma che, per alcuni mesi, egli portò agli estremi.

Dopo quei mesi, per fortuna, Giovanni ridivenne normale, anche perché alle sensazioni troppo forti preferiva quelle più dolci e prolungate che gli davano i discorsi sul solito argomento. Per tali discorsi, trovò facilmente a Catania compagni abilissimi che gli divennero cari come certe voci interne senza le quali non sapremmo vivere. Per esempio, l'*uhuuu!* di Ciccio Muscarà, a commento di una signora carnosa, lo faceva gongolare di gioia; ed egli avrebbe passato male la domenica, se, durante la settimana, non avesse sentito almeno venti volte quel profondo lamento, quel gemito delle viscere.

Prima di conoscere la donna, trascorse lunghe sere nel buio di certe straducole, ove stava acquattato, come uno scarafaggio, insieme a Ciccio Muscarà e a Saretto Scannapieco, col pericolo di venir pestato da un marinaio. Talvolta, un fascio improvviso di luce, da una porta spalancata con un calcio, illuminava tutti e tre, e una voce cavernosa, invitandoli con un insulto affettuoso, li faceva fuggire sino al centro della città.

Una sera, essendosi Giovanni tutto inzuppato, e riempito d'acqua le scarpe, un donnone lo tirò dentro, e chiuse la porta. Tutto fu rapido, insipido e confuso. La sensazione più forte, egli la provò nel rimettere gli abi-

8

ti, ancora bagnati e gelidi, sul corpo che bruciava di febbre. Si ammalò la sera stessa, e l'indomani narrò l'accaduto, fra colpi di tosse, ai due amici che gli sedevano al capezzale. Forse la distanza fra lui e la donna si sarebbe allungata in modo irrimediabile, e per sempre, se una ragazza di campagna non avesse pensato a rendergli la verità della donna non troppo indegna dell'idea che egli ne aveva.

Intanto era scoppiata la guerra, e Ciccio Muscarà fece la scoperta che le mogli, rimaste sole nei loro letti grandi, "sentivano freddo". Ce n'era una, uhuuuu! in via Decima... Un'altra in un cortiletto, uhuuuu!... Una terza nell'ultimo piano di un palazzo!... Si trattava di scoprire quali fossero "disposte" fra tante, e indovinare il momento. Questo si poteva capirlo dallo sguardo che ciascuna gettava dallo scialle, alzandosi dall'inginocchiatoio.

Giovanni Percolla e Ciccio Muscarà passarono gran parte della loro giornata nelle chiese di Catania, sotto i grandi piedi delle statue; i loro vestiti odorarono d'incenso; e i preti nell'abbassare lo sguardo dal calice levato verso il soffitto, notandoli sempre al medesimo posto, scuotevano nervosamente le ciglia. Ma, in verità, non ebbero grandi successi. Divennero allora più audaci, e si portarono vicino al confessionale, nonostante che, un pomeriggio, il naso di Ciccio Muscarà fosse andato a finire tra le enormi dita di un confessore, mentre il casotto di legno laccato rintronava della parola "Canaglie!"

Quello che udirono servì poco ai loro discorsi serali sulle sofferenze delle mogli prive dei mariti, e meno ancora alla loro strategia. La graticola riceveva piuttosto parole di sconforto che d'inquietudine carnale. E siccome erano due bravi figliuoli, spesso si trovavano con le lacrime agli occhi. "Signor confessore, quando mangio pane e formaggio la sera, sogno animali con tre piedi, ma quando vado a letto digiuna, vedo sempre mio marito come al tempo in cui aveva sedici anni, che scendeva a testa in giù nella mia finestra dal piano di sopra. Devo andare a letto digiuna?" Questa fu la sola frase che udirono per intero.

Tuttavia fu solo alla fine della guerra che convennero di aver perduto il loro tempo e che la loro età non permetteva più di baloccarsi con le vane speranze. Ma dovette rientrare a Catania il Reggimento XX, con la bandiera lacera, e il prefetto in testa, perché i due amici si rassegnassero ad abbandonare la dolce abitudine di frequentare le chiese.

Si diedero a visitare alcune piccole abitazioni, al pianterreno o al quarto piano, il cui capo di famiglia dominava le stanzette dai moltissimi ritratti, gettando sguardi orgogliosi perfino sul letto, ma che, nonostante le paure di un suo arrivo improvviso ("Dio ce ne scampi, se lui sapesse una cosa simile!") non fu visto mai varcare la soglia.

Il taccuino di Giovanni, che intanto aveva lasciato per sempre le scuole, e frequentava il negozio di stoffe dello zio Giuseppe, si riempì della parola *ruff*.

Quasi in ogni pagina, c'era un nome, con accanto le quattro lettere singolari: Boninsegna, via del Macello ruff; Torrisi, via Schettini ruff; Leonardi, via Decima ruff... Di chi erano questi nomi? In generale, di cocchieri e mendicanti che si prestavano ad accompagnare i signorini, o, come si diceva a Catania, i cavallitti e i cavallacci, nelle soffitte in cui una ragazza mal dipinta si nascondeva, con finta timidezza, dietro la madre falsamente spaventata e pentita, e che poi non era la madre ma una vicina.

Il più rinomato di costoro era don Procopio Belgiorno. Piccolo, un solo ciuffo di capelli nel centro del cranio, una pupilla schizzata in alto, quasi al di sopra del sopracciglio, vestito sempre di nero, con giubbetto color tabacco, colletto duro sudicio, fazzoletto uscente a sboffi da una tasca della giacca, sudicio, un fiore sudicio all'occhiello, e tuttavia non repugnante, come le statue annerite dagli anni, don Procopio Belgiorno mormorava in un orecchio: "Un piacere mondiale! Passò il guaio sei giorni fa! Quindici anni!..." Subito il giovanotto tartagliava per l'emozione: "Don Procopio, non facciamo che sia una vecchia come l'altra volta?"

In verità, non era mai accaduto che don Procopio non venisse rotolato dalle scale, in cima alle quali era salito insieme con un gruppo di cavallitti; mai che una delle sue quindicenni non avesse almeno trent'anni. I giovanotti lo sapevano; ma l'eloquenza di don Procopio era potentissima in una città come Catania ove i discorsi sulle donne davano un maggior piacere che le donne stesse.

"Non mi fa la fesseria di lasciar spogliare la ragazza da sola? Per la Madonna della Seggiola! Vossignoria se la deve spogliare con le sue mani!" diceva a bassa voce don Procopio, mentre andavan trottando nel buio di vicoli e cortili. Il solo momento delizioso, per i giovanotti, era quello in cui camminavano con don Procopio verso la casa sconosciuta. Poi, sia l'uno che gli altri sapevano cosa sarebbe accaduto: don Procopio, giunto nell'ultimo pianerottolo, prima che si aprisse la vecchia e screpolata porta, scendeva indietro indietro; e i giovanotti sfoderavano le mani dalle tasche dei pantaloni. Non appena si faceva luce, e la quindicenne rivelava le rughe e i bitorzoli, don Procopio si buttava a capofitto starnazzando come una gallina, ma presso il portone veniva raggiunto e pestato, come si pesta il proprio cappello in un momento di collera.

Eppure le donne più belle, che gli uomini di Catania abbiano veduto, furon quelle di cui don Procopio fece sentire la voce, vedere il collo, i piedini, i denti, durante il tragitto dal centro della città alla scalaccia buia. Si può anche dire che il destino di questi uomini è stato ben duro: di dover bastonare a sangue il poeta dei loro sogni d'amore, l'uomo che leggeva nei loro occhi, e prometteva a bassa voce colei che ciascuno avrebbe voluto.

11

e dava poi quello che la vita suole dare in simili casi. Davanti alla porta screpolata, il suo compito era terminato: tutti lo sentivano. Ma l'addio alle belle immagini, e a colui che le aveva suggerite, avrebbe forse potuto essere un po' meno brutale.

Anche Giovanni Percolla, Ciccio Muscarà e Saretto Scannapieco caddero nei lacci di questa eloquenza, e non furono, al termine dell'avventura, meno maneschi degli altri; anch'essi udirono, nel buio della sera, per i vicoli in cui i lampioni a gas venivano spezzati ogni pomeriggio con una sassata, quella voce bassa mormorare: "Uno zucchero, uhuuu!... Ma si corichi piano piano!... Non vi dispiacerà certo che quando... mi spiego?... ella faccia come una tortora? Ha questo vizio!..." e anch'essi, vedendo che la tortora era un colombo viaggiatore, ruppero al povero vecchio uno dei fignoli che aveva sempre sulle tempie.

Del resto, dietro questi miraggi, non marciarono per il fango, i cumuli di spazzatura, i gatti neri e le galline, soltanto personaggi dappoco. Il sindaco in persona si fece accompagnare, una sera di domenica, dal turbante brontolio di don Procopio. "Ecco qui, signor sindaco!" disse costui alla fine, spingendo nel vano di una porticina l'illustre personaggio. Questa volta la ragazza, alla quale don Procopio aveva accompagnato il suo cliente, fuggendo poi a gambe levate, non era una vecchia, ma una ragazza vera e propria. Solo che aveva, da sei giorni, una febbre altissima e misteriosa. Il sindaco fu accolto da grida disperate, perché venne scambiato per il medico.

"Signor dottore!" gli gridava la madre, scuotendolo per il bavero del soprabito, "signor dottore, mai sia! Signor dottore, il contra! Il contra! Non lo conservate per i ricchi, il contra, signor dottore!"

In un letto a due piazze, sotto un largo ventaglio d'immagini sacre, il Re, Garibaldi e due enormi sposini di ritorno dalla chiesa, giaceva un piccolo viso ovale schiacciato dalla sofferenza e dal digiuno. "Barbara!" chiamava la madre a quel visino da un soldo, "Barbara, madruccia, guardami, cuoricino! C'è il dottore! Ti darà il contra!... Oh, non sente! Oh, che peste hanno gettato! Il sindaco ci ha venduti come casseruole rotte! Quel cane del sindaco!... Vi prego, signor dottore, uscite questo contra!"

"Ma io non sono dottore!" azzardò il sindaco con un fil di voce.

Ci fu una pausa durante la quale si sentì che da quel piccolo viso si partiva un ronzio leggero e intermittente, come quello del vento entro una chitarra. "E chi siete allora?"

"Ma... non so... ho sba..."

"Non sapete? Non sapete, canterano del diavolo? Andate via, beccone maledetto! Via andate!"

Il sindaco se la cavò a mala pena, e non interamente: tre giorni dopo, al funerale della piccola Barbara, uno dei bambini indossava mezzo soprabito del sindaco, e pareva un pipistrello, intanto che un pezzo di quello stesso soprabito, trasformato in giubbetto, si avvoltolava per terra, addosso alla madre che lo aveva infilato la sera avanti.

Questo fu il primo caso di febbre spagnuola a Catania, e il principio di una serie di sciagure.

Una sera il padre di Giovanni Percolla rincasò con una brutta smorfia che gli faceva tenere storta la pipa. "Sudato, sudatissimo!" borbottava. "Sento che starò male!"

"Hai la febbre?" gli domandava la moglie, alzandosi sui piedi per tastargli la fronte.

"Certo, una febbre da cavallo!"

Gli ficcarono un lungo termometro in bocca, ma, con grave disappunto del vecchio Percolla, quel termometro segnò trentasei gradi. "Non hai febbre!" fece la moglie, battendo le mani.

"Non l'ho, ma sto male lo stesso! E di questo termometro, ecco cosa faccio!" E ruppe il cannello di vetro in mille pezzi. "Il letto!" si mise poi a gridare. "Il letto riscaldato!"

Subito un ferro da stiro a carbone, nel quale vollero soffiare tutti per farlo divampare, volò tra le lenzuola; e il vecchio Percolla si mise a letto.

"Morirò, sangue d'un cane, morirò!"

Volle che gli portassero nella camera tutte le pipe in cui aveva fumato, il pastrano e il cappello a cencio. In un angolo, a fascio, furono collocati i bastoni.

"Quello!" disse, indicando una canna di bambù col manico a testa di cane. "Quello..."

"Lo vuoi?" domandò piano la moglie, che cominciava a piangere.

"Con quello battevo il cancello del tuo giardino e tu ti affacciavi!"

Ma quando gli portarono la poltrona, in cui soleva passare le lunghe ore della sera, balzò a sedere sul letto. "Eccomi!" gridava. "Eccomi seduto lì! Un gentiluomo, un uomo onesto, un brav'uomo sedeva in quella sedia! Sangue del diavolo, figlio di... cornuto di... quel brav'uomo deve morire!"

Il vecchio non era mai stato una monaca nell'esprimersi; ma quella volta le sue parolacce furono così terribili che la moglie fuggì nel punto più lontano della casa, ficcandosi le dita nelle orecchie, perché, anche laggiù, quando s'apriva un uscio intermedio, arrivava un "Cornuto di...," col seguito.

La notte, il commendatore Percolla fu assalito dalla febbre, e i suoi occhi ingranditi s'attaccarono alla porta come vedendo qualcosa che gli altri non vedevano. Maledetti tempi! Due giorni dopo, anche la moglie si ammalava, gridando, nel delirio: "Badate a mio marito! È freddoloso!"

Questa donna, ancora giovane, morì nel salotto, ove s'era spinta, di nascosto a tutti, per recarsi nella camera del marito a vedere se gli avessero steso un'altra coperta sui piedi. La trovarono seduta davanti a uno specchio lungo, in sottana bianca, la faccia curva in avanti e coperta dai capelli. Due giorni dopo, tacendo ormai da sette giorni, anche il marito se ne andava.

Giovanni, da tutti ritenuto freddo e pigro, diede in tali accessi di dolore che, nonostante le paure del contagio, molti vicini vennero a tenergli le gambe e a strappargli le mani dalla bocca. Per due giorni, parlò continuamente; e il ragazzo chiuso non si lasciò dentro nemmeno una parola non detta. Pensava parlando, sicché si poteva udirgli borbottare: "Il berretto alla marinara!... Mio padre lo gettava all'aria!... come me!... Bambino!" aggiungeva con un urlo, lanciandosi contro un signore allibito che si riparava dietro una sedia. "Mio padre è stato bambino come me!" Poi si calmava. "Il gatto nero!... Zanzare!... Una sola basta! Una sola zanzara!... Bambino!... Lei... Freddo! Guardate che quell'uomo ha freddo... E lei, lei, in una poltrona! Oh, in una poltrona!... Che caldo!... Padre parroco, domani digiuno per mio marito che ha bestemmiato!... Ha più corna lui che un paniere di lumaconi!... Oh, non dire così della gente!... E tu, Rosina, che te ne importa della gente?... Si adoravano! Ahi, ahi!" E sveniva.

Pareva che questo ragazzo dovesse rompersi come una canna. Ma una settimana dopo, egli era tornato chiuso e taciturno; voleva rimaner solo, di notte, nella casa ormai vuota, e s'aggirava fra i divani e i letti, stendendosi ora su questo ora su quello, ora al buio ora con tutti i lampadari accesi, avendo in mano un libro che non leggeva mai e buttava davanti a sé, come un passante svogliato manda lontano con un calcio e poi va a raggiungere, per rimandarla con un nuovo calcio, una scatola vuota. Ma presto, tornarono in casa le tre sorelle, ch'erano vissute sempre coi nonni. Lo zio Giuseppe gli disse: "E ora a te! Lavora!"

Passarono quindi tre anni, che noi non racconteremo, al termine dei quali Giovanni si era restituito totalmente alle sue vecchie abitudini.

II

Ora egli aveva una grande stanza tutta per sé, nella quale poteva dormire in qualsivoglia positura: o steso sul letto, con la testa fuori del cuscino e del materasso, spenzolata nel vuoto, sicché il gatto, scambiandola per un cenno d'invito, le toccava il naso e il mento con la zampetta; o sprofondato in una poltrona bassa, coi piedi sopra un tavolino; o in terra, sul tappeto, con le gambe sopra due cuscini dipinti di leoni; o infine in una sedia a dondolo, riflettendone lo specchio ora la testa ora la punta dei ginocchi.

Qui venivano gli amici, e anch'essi si buttavano, o, come diceva Muscarà, s'abbiavunu e sdavacavunu, sui pagliericci e le ciambelle di cuoio, riempiendo presto la camera di un tale fumo di sigaretta che, dal balcone socchiuso, i passanti vedevano uscire una sorta di lenzuolo grigio palpitante nell'aria. Fumo, caffè, e liquori. Le sorelle di Giovanni, tenute lontane dalla camera, credevano che i tre amici parlassero di affari... Invece mugolavano sul piacere che dà la donna.

"Io," diceva Scannapieco, "attraverso un momento brutto! Salgo muri lisci! Non posso guardare nemmeno una caviglia che... uhuuuu! Non ci son donne che mi bastino!"

"E io, sangue d'un cane?"

"Ma perché la donna deve farci quest'impressione? Vedo quei continentali calmi, sereni!... Non ne parlano mai!"

Diventavano autocritici: "È che, a Catania, di donne se ne vede una ogni mille anni!"

"E il sole, anche!"

"Ma che diavolo dici, il sole? A Vienna, due anni fa, durante un inverno, Dio ce ne scampi, che pareva la notte, forse che io?... Madonna del Carmine! 'Avete il fuoco nelle vene?' mi diceva la figlia della padrona di casa."

Ogni tanto il desiderio di passare la sera in una casa ospitale, ove il caffè fosse servito da alcune signorine, era appagato. Essi si recavano presso la famiglia Luciano.

Per la strada, Saretto Scannapieco lamentava che il marito della figlia più giovane non dicesse una parola durante la loro visita, e guardasse tutti come un fanciullo in procinto di piangere.

"Dio mio, potrebbe avere più fiducia in noi!" disse, una volta, Muscarà.

Davanti la porta, però, prima di suonare il campanello, aspettarono che Scannapieco terminasse il racconto di un sogno, assai strano, che aveva avuto la notte avanti: in quel sogno, la più giovane delle Luciano era stesa sul tavolo della sala da pranzo, in vestaglia rosa, immobile, e loro tre, insieme con uno sconosciuto in mutande di lana, attorno al tavolo come chirurghi... Poco dopo, la ragazza sognata apparve sulla soglia, e proprio con la vestaglia rosa. I tre amici arrossirono come bambini, incespicarono portando dentro lo stoino, e Giovanni Percolla, nella confusione, posò il cappello di feltro sul mezzobusto dell'ingegnere Luciano morto.

Nel '27, tutti e tre si recarono a Roma, per parlare con un grossista di *cachemir*. Ma, giunti nella capitale, dimenticarono totalmente gli affari e il motivo per cui erano venuti. Lo stesso Ispettore generale, Eccellenza Cacciola, zio di Muscarà e personaggio di peso, dal quale speravano un forte aiuto per il buon andamento delle loro importazioni dal Portogallo, smise presto di parlare di commercio con l'estero, ed esclamò: "Avete visto che donne?"

I tre amici lasciarono l'attitudine compunta, la posizione di attenti e il pallore della noia, e scoppiarono in una risata cordiale: "Santo cielo!" Poco dopo, erano alla finestra, fra le tende di velluto, e Sua Eccellenza indicava, col dito peloso e carico di anelli, certe ragazzone bionde che uscivano dal Ministero dirimpetto: "Mi fanno morire, vi assicuro, mi fanno morire!"

"Oh, lo capisco, Eccellenza!" mormorò Scannapieco. "Uno al posto vostro, con le occasioni che ha, dovrebbe desiderare solamente di esser fatto di ferro!"

L'Ispettore non negò che avrebbe gradito un po' di ferro nel suo fragile corpo d'uomo e, lusingato dal complimento, entrò in maggiori confidenze coi propri compaesani... Insomma, dopo aver detto fra i denti: "È che sono un uomo serio! Non voglio profittare della carica! Uno deve sapersi frenare!" li nascose dietro una portiera, per farli assistere all'udienza ch'egli concedeva a una bellissima ragazza, la quale, naturalmente, se lui non fosse stato così serio...

I tre amici, avvolti nel velluto, masticando polvere e sfilacciature, s'illividivano i fianchi con forti gomitate per indicarsi in silenzio il lampo di un po' di carne fra le vesti della ragazza, o il modo con cui ella accavallava le gambe, e, poggiando i gomiti sul tavolo, sporgeva il petto. In un punto del colloquio, la loro emozione fu così forte che riempirono di saliva lo spazio di tenda che oscillava davanti la loro bocca.

Dopo quella visita, che, almeno nelle loro intenzioni, avrebbe dovuto influire sul corso dei loro affari, i tre catanesi non si occuparono più di *cachemir,* di prezzi e di noleggi.

Passavano un'ora del mattino e una del pomeriggio in piazza Fiume, sotto la pensilina per gli autobus, guardando salire le ragazze. Le anche rompevano le vesti, nel difficile passo. "Ma quante ce n'è! Ma quante ce n'è! Ma quante ce n'è!" mormorava Scannapieco. "E tutte belle!"

Per belle, intendevano grasse, più alte di loro, e di passo veloce.

"Madruccia!" rispondeva Percolla. "Guarda questa!... L'altra, guarda, bestione!... Laggiù, laggiù, maledetto!"

Soffrivano, gemevano, si ficcavano l'un l'altro i gomiti nei fianchi. Ecco un autobus che rimane fermo per tre minuti, a causa di due carrette che si erano impigliate le ruote. Sul predellino, una sedicenne alta, bruna, si accarezza il collo con la mano destra e getta nella strada uno sguardo sfavillante. I tre amici si mettono subito nel punto della strada in cui cade lo sguardo della ragazza, come si fa con certi ritratti; e, godendo quivi di una scialba e falsa attenzione da parte di lei, sprofondano i loro occhi nei suoi, sorridono, si grattano la fronte, fan cenni con la bocca e con gli orecchi. Già l'amano, la chiamano a bassa voce con un vezzeggiativo, in un baleno vivono tutta una vita con lei: viaggi, notti insonni, amabili litigi, serate estive in terrazzo, bagni di mare con lanci di sabbia e spruzzi d'acqua. La loro fantasia non dimentica nulla: essi sentono il terribile e soave lamento con cui ella, nella camera accanto, li rende padri di un bimbo perfetto...

Ma le carrette hanno sciolto le loro ruote, e l'autobus riprende il viaggio, portando con sé la ragazza che, dopo un'intera vita vissuta, abbastanza felicemente, con ciascuno di essi, non lascia nemmeno per un istante gli occhi su di loro, e continua a guardare tutto quello che le capita davanti.

Del resto, ogni volta che una donna graziosa usciva dal loro sguardo, essi si sentivano traditi e abbandonati. Un che di vedovile era sempre nel loro cuore, per le vie di Roma.

Spesso, la sera, dovendo recarsi in pensione all'ora stabilita, perdevano la cena perché la donna, dietro la quale s'eran messi a trottare, e che sembrava facesse la loro strada, li portava lontano, e un'altra, di ritorno, li portava nel punto opposto della città.

Nel cuore della notte, stanchissimi, mentre contavano gli spiccioli per vedere se non fosse il caso di prendere un tassì e raggiungere il letto al più presto, due fianchi poderosi, passandoli d'un tratto, li rimettevano in corsa. Negli specchi esterni dei negozi, essi vedevano, per un attimo, le loro facce disfatte.

Veramente, non avevano soverchia fortuna: anzi, non ne avevano affatto. E come avrebbero potuto averne? Un rigurgito alla gola, un tremito alla schiena, li rendeva cadaverici nel momento in cui, lasciando bruscamente un discorso sulla spiaggia e il costo dei biglietti ferroviari, decidevan di dire alla signora ch'era bella, bella, bella.

"Se avessi una casa qui," riuscì a gemere, con gli occhi fuori delle orbite, Scannapieco, ballando con una bolognese, nel salotto della pensione, "verreste a casa mia?"

"Ma che vi piglia?" gridò la signora, preoccupata per il colorito del suo cavaliere. Sembrava davvero che a Scannapieco stesse per "pigliare un colpo."

Dopo il tramonto, sedevano in un caffè di via Veneto. Sceglievano, con cura meticolosa, il tavolo meglio adatto, per covare con gli occhi le più belle vedute; e non avevano mai pace, e passavano da un tavolo all'altro, perché, alzandosi un gruppo e arrivandone un altro, la Bellezza cambiava sempre di posto.

Avrebbero potuto trascorrere degli anni, guardando un profilo o addirittura una mano. Mai la loro vita era così varia come quando lo spettacolo, che si offriva ai loro occhi, era sempre lo stesso. Oh, si trova di più negli occhi di una ragazza che in tutto il continente africano; quante peripezie, incontri, fortune e sfortune!

Giovanni Percolla, una sera, fu ravvisato da un vecchio amico di Catania, Luciano Taglietta, uno scrittore assai noto in Italia, un bravo giovane, un umorista. "Vieni domattina da Aragno!" gli disse costui: "Mi troverai in un gruppo di scrittori!"

Giovanni cominciò a frequentare Aragno. "Questi scrittori mi piacciono!" diceva la sera agli amici, dicendo apertamente la menzogna. Egli trascorreva lunghe ore noiosissime seduto vicino al gruppo degli scrittori, sul marciapiede del corso. Le impiegate dei Ministeri passavano strisciando i fianchi sui tavoli, ma gli scrittori non le guardavano nemmeno. Essi erano straordinariamente applicati ad appioppare nomignoli alla povera gente: chiamavano le persone lo Svaccato, il Tagliacarte, la Monaca di Pezza, il Suonatore di trombe infuocate. Quando passava costui, ch'era un gentiluomo di mezza età, altissimo e con un buco nella bocca, gli scrittori si dicevano sussultando: "Eccolo! Eccolo!" e poi si torcevano dal ridere sulle sedie. Solo Luciano Taglietta, quando s'avanzava una ragazza ben piantata, alzava il mento al di sopra della testa degli amici, e strizzava l'occhio a Giovanni. Del resto, anch'egli, come Giovanni, aspettava con impazienza il momento in cui gli scrittori se ne andassero, per sedere, lui e Giovanni, stretti allo stesso tavolo, e parlare dei tram di Catania, e dei piaceri che vi si trovano nei giorni di folla.

Ma Luciano Taglietta dovette recarsi a Venezia; e Giovanni tornò interamente ai suoi amici.

Li si vide tutti e tre in ogni punto di Roma ove non fossero quadri e monumenti, e invece fossero donne. Entrarono, una volta, gesticolando, nella Galleria del Vaticano, ma per seguire una tedesca. "Che bellezza! Che meraviglia!" si dissero per tutto il resto della giornata: parlavano della donna.

Una notte piazza del Popolo deserta risuonò delle parole: col dito, la gamba, un petto così, mi spogliai... Si trovava a Roma, di passaggio, l'architetto Lamberti, che, appena li vide, gridò con le mani alzate: "Questa notte andremo a spasso insieme!" E infatti andarono insieme dal Colosseo fino a piazza del Popolo. Quivi sostarono a lungo. L'architetto amava le storie scollacciate, ma era un po' sordo e diceva ogni momento: "Come?" Sicché gli amici dovettero alzare la voce proprio nei punti del racconto in cui l'avrebbero volentieri ridotta a un soffio.

L'architetto partì la stessa notte; e i tre rimasero soli per una seconda volta.

Nella sala da pranzo, in pensione, avevan conosciuto molti giovani del Nord, ma era stato impossibile stringere amicizia. "Non facciamo pane insieme! È inutile!" diceva Scannapieco. In verità, come si poteva voler bene a uno che non rideva quando essi ridevano, e rideva quando nessuno dei tre riusciva a sorridere?

E poi? di che era fatto? di legno? La vedeva, certa grazia di Dio?...

Una sera, mentre sedevano in via Veneto, guardando una principessa ungherese, ferma e dritta come una palma a pochi passi da loro, un faccione rosso entrò, da un tavolo accanto, fra la spalla di Muscarà e quella di Scannapieco; e disse: "Come la mettereste voi quella lì?..." Era Monosola, un vecchio amico siciliano. Egli annunziò che tutto un gruppo di Catania, i Leoni di cancellata, il Re, il Gigante di cartone, il Sorcio martoglio e il Lucertolone, era arrivato un'ora avanti, e avrebbe dormito nella stessa pensione di Muscarà e Scannapieco. "Io vado a raggiungerli!" aggiunse Monosola. "Ma cerchiamo d'incontrarci prima di rincasare! Perché domani ripartiamo per Bologna. Qui a Roma non si attacca poi tanto! Ma a Bologna faremo un macello!"

I tre cercarono il gruppo dei nuovi arrivati per tutta la notte; infine si avviarono verso casa, e da certe chiazze umide, sparse nel mezzo della via Po, compresero che gli amici di Catania eran già passati e li avevan preceduti in pensione.

Non si videro nemmeno, perché, dopo aver russato per quattro ore, i catanesi si levarono all'alba, con scarpe cricchianti, e partirono, salutando Percolla, Scannapieco e Muscarà di dietro la porta.

"Dio santo!" disse Percolla, l'indomani. "Che faremo oggi?"

Quel giorno, dormirono molto, e così il domani, e l'altro domani. Finalmente i telegrammi degli zii e dei padri ebbero il loro effetto. "Tornate non concludendo nulla," dicevano i telegrammi: "Non continuate spendere denaro inutilmente tornate." "Sappiamo che grossista lasciato Roma senza avervi visto tornate."

Ed essi tornarono.

III

Ma il verme dei viaggi era entrato nei loro cervelli, e non smetteva di roderli. Giovanni trovò, nelle vecchie a-bitudini di Catania, quell'odore sgradevole che dopo due o tre anni si trova in un abito di fatica. Le passeggiate per il corso, i discorsi con gli amici, mio Dio, di nuovo?... Anche il piacere di restare a letto, dopo esser-si svegliati dal sonno pomeridiano, e di profondare gli occhi nel buio, ignorando se si guardi lontano o vicino, era guastato dal pensiero che, in quel preciso momento, i caffè di via Veneto si riempivano di donne.

Giovanni ebbe l'idea di cenare, con i due amici, nel ristorante della stazione. "Lì,"diceva,"mi pare di tro-varmi in un'altra città!"

E per otto sere andarono a collocarsi sotto una lampa-da schiccherata dalle mosche, e cenarono vicino al banco di marmo di quel vecchio e affumicato locale. I fischi dei treni vibravano nei bicchieri, e ogni tanto la sala si riempiva di un fumo denso e pungente, che essi però respiravano a pieni polmoni come la nebbia delle monta-gne, odorosa di funghi. "Si sta bene qui!" diceva Scan-napieco.

Ma poi si accorsero che spendevano troppo. "È ca-ro!" osservò Muscarà. "E non possiamo venire qui anche in inverno! Mi pare che i vetri, alle imposte, non ci siano tutti!"

Nei crocchi numerosi, smettevano bruscamente di seguire la conversazione comune, per dirsi due o tre parole allusive a qualcosa di grosso che era accaduto a Roma... una notte... due donne... che ridere! Ma tu, perché?... Oh, io! E tu allora?...

Gli altri li guardavano a bocca aperta, incuriositi e pieni di rispetto.

Le loro tre memorie fiorirono insieme di episodi molto strani e piacevoli: sebbene non si fossero intesi prima, eran sempre d'accordo nel ricordare i minimi particolari di un fatto che, in verità, non era mai accaduto.

Mentre sedeva dietro il banco, ad ascoltare il rendiconto del cassiere, Giovanni si voltava a sinistra e, con un profondo sospiro, mormorava all'orecchio del cugino: "Sentirti dire: 'Giovanni, in amore, tu sei un Dio!'"

Se poi s'interrogava Muscarà intorno a quella frase di Giovanni, Muscarà era in grado di raccontare come fu e quando fu e dove fu che una donna disse a Giovanni quelle parole deliziose.

Dopo quell'anno, al cominciare dell'estate, essi lasciarono sempre Catania, talvolta insieme, talvolta ciascuno per conto proprio.

Giovanni andò a passare lunghe ore silenziose a Viareggio, a Riccione, a Cortina. Lo guidava, in tali viaggi, una notizia sulle donne, magari ascoltata in un caffè, a un tavolo accanto. Una cartolina con le semplici parole: "Caffè di Trieste donne ottanta uomini dieci," lo mandò nella Venezia Giulia. La frase di un capitano di lungo corso, che parlava dalla strada a un amico affacciato al balcone: "Lo so che le gambe nude si vedono anche alla Plaia! Ma vederle nella pineta di Viareggio, gonfie così, per lo sforzo di pedalare, è un altro affare!" lo mandò a Viareggio.

"Che Viareggio!" scriveva intanto Scannapieco da Abbazia. "Nel mondo, non c'è che Abbazia! Abbazia! Vo-

25

glio essere sepolto qui, nel lungomare, in modo che mi passino sopra le più belle donne del mondo!"

Tornato a Catania, Scannapieco riempì tutto un inverno di sospiri per Abbazia: ne parlava con amici, conoscenti e sconosciuti; si calcava il cappello con un pugno di finta rabbia e follia, quando esclamava: "Non c'è che l'acqua del Quarnaro!"

Un'estate, furono molti i giovani di Catania che partirono quasi di nascosto, e arrivarono ad Abbazia prima di Scannapieco.

Anche Percolla volle dare all'amico una lieta sorpresa, facendosi trovare mezzo addormentato a un tavolino da caffè.

Giovanni, quell'estate, era più torpido che mai; in tutto, somigliava a un bravo e pulito bue di campagna, tranne che negli occhi ove talvolta si accendeva una tal frenesia che, non uno sguardo, ma un uomo in carne ed ossa pareva andare in giro velocemente, a baciare le donne, rapirle, litigare con esse, e abbandonarle. Talvolta, invece, il suo sguardo era passivo, ma non meno vasto e grandioso anche in questo. Il suo sguardo inghiottiva folle intere di donne, non lasciando fuori nemmeno una fibbia di scarpina. E che cosa non fece con gli occhi? Che cosa non vide ad Abbazia?

Le donne eran tutte tedesche e slave. Alcune eran venute con la sola compagnia di un'unica valigetta: vedove, amanti licenziate, campionesse di nuoto, ex ballerine, invitavano con gli occhi i giovani di Catania, o gettavano sui loro volti, bianchi come un lenzuolo, fumo di sigaretta e risate benevole. In verità, com'era facile!... Dio, com'era facile! C'era solo da lamentare che queste donne non fossero poi tanto belle, e nemmeno tanto giovani.

Le giovani e belle erano venute in compagnia dei loro uomini: si trattava di grandi ragazze dagli occhi chiari che acquistavano lo sguardo solo nei momenti in cui si posava sull'uomo che le accompagnava: pesanti, serie, gravi, di mattina, sdraiate nelle terrazze degli stabilimenti, ne bastava una per togliere il sole a cinque catanesi stesi lì accanto; di sera, nelle terrazze degli alberghi, riempivano l'aria di oscure minacce apocalittiche. Giovanni ricordò di aver visto qualcosa di simile nella cappella Sistina, e fu la sola volta che la pittura gli parve un 'arte ammirevole. Le grosse belle donne, più dei grossi uomini, han la capacità di avvertire, con un'alzata di gamba, un volgere di ciglia, un poggiare il mento sul pugno chiuso, che l'avvenire non promette nulla di buono. Così a Giovanni, che s'era avvicinato, coi primi accordi di un valzer, a una di queste enormi, belle, innamorate, fedeli tedesche, raccomandandosi alla Madonna e a sant'Agata, la ragazza invitata rispose, non solo col non vederlo, ma annunciando dai sopraccigli che la guerra scoppierebbe presto e l'Europa sarebbe distrutta dai fulmini. Da uno dei quali come incenerito, egli tornò al suo posto. "Non c'è che fare!" mormorava fra sé. "Non c'è che fare!"

I tre catanesi lasciarono Abbazia, coi primi tuoni di settembre.

L'estate seguente, Giovanni si recò a Cavalese con Muscarà.

Avevano qualche filo bianco nei capelli, e, la sera, vi passavano sopra un pennellino. Trovandosi quei fili nella ciocca che saltava ogni minuto fuori del berretto, e che essi ricacciavano dentro con la punta delle dita, l'orlo delle loro unghie era sempre scuro. "Che brutte unghie!" disse una ragazza. "Mi taglierei la mano piuttosto che vedermi unghie così!"

Tre anni avanti, in un treno, stavano per venire alle mani con un signore anziano e robusto che, cedendo alla collera, aveva smesso di parlare nell'orecchio di un amico, e detto a voce alta: "Non mi fa antipatia questa o quella: mi fa antipatia la donna, il suo modo di parlare, di guardare, di muoversi, di respirare!" Il viaggiatore faceva il verso alla donna: "Ah, ah! Uh, uh!... Con quella voce, quegli occhi!... Puf!" E faceva l'atto di sputare. "Com'è cretina! Com'è brutta! puah..."

"Idiota!" aveva borbottato piano Giovanni, ma non così piano che l'altro non l'udisse. N'era seguito un alterco, e i piccoli specchi delle pareti, fra le copie della Gioconda e della Primavera, s'erano riempiti di grosse mani levate...

Ora, invece, comprendevano l'amico Ardizzone, che, talune notti, si chiudeva a chiave nella propria camera, e quando vedeva la maniglia della porta girare a destra e poi a sinistra, e poi di nuovo a destra, tratteneva il fiato e pensava beatamente: "Non riuscirai ad entrare, piccola sanguisuga."

Giovanni diventava sempre più entusiasta del piacere che dà la donna, e l'offerta che faceva per ottenerlo, nei discorsi serali, si elevava continuamente ("Darei dieci anni della mia vita!... Mi farei pestare come un tappeto... Leccherei la pianta dei piedi al padre che la mise al mondo!... Berrei questo e berrei quello!...,") ma delle donne in particolare cominciava ad avere una bassa opinione.

"Dio ha affidato in custodia a delle stupide la cosa più bella che esista al mondo!" diceva. "E che uso ne fanno? Balordo!... Io mi mordo le mani quando vedo la signora Leotta, quel pezzo di donna che fa fermare gli orologi, portare il corpo divino che Dio le ha dato, puntualmente ogni pomeriggio alle cinque, in via Lincoln, a quell'imbecille di Gallodindia!"

Non riusciva mai a trovare una buona qualità nell'uomo che aveva avuto fortuna presso una bella donna. Si trattava sempre di uno sciocco e il suo aspetto era sempre "dilavato".

D'altronde, se la loro esperienza del piacere era enorme, quella delle donne era poverissima. Spogliato delle bugie, di quello che essi narravano come accaduto e che era invece un puro desiderio, o era accaduto a un qualche altro, il loro passato di don Giovanni si poteva raccontarlo in dieci minuti.

Dobbiamo dirlo chiaramente? Giovanni Percolla, a trentasei anni, non aveva baciato una signorina per bene, né aveva mai sentito freddo aspettando di notte, dietro il cancello, una ragazza che, un minuto dopo lo spegnersi della lampada nella camera del padre, si avvicinasse fra gli alberi tenebrosi del giardino incespicando nella lunga camicia bianca. Non aveva scritto né ricevuto una lettera d'amore, e il ricevitore del telefono non gli aveva mai accarezzato l'orecchio con le parole "amor mio".

Con le signore poi... Ecco, con le signore era andata così! Una vicina, quarantenne, vedova e graziosa, aspettando nel salotto le sorelle di Giovanni, uscite per delle compere, aveva iniziato col padrone di casa una conversazione talmente gradita che le risate di lei si sentivano dalla strada. Poi, in verità, non si era sentito più nulla. Ma i rapporti si erano fermati a quel punto e a quella volta, perché la vedova aveva confidato a Giovanni che potevano incontrarsi "soltanto alle quattro del pomeriggio", ora in cui Giovanni soleva dormire. "Eh, no! Io devo dormire!"

Dopo quella signora, nessun'altra signora.

La sua vita era, invece, piena di cameriere d'albergo e di donne facili. Ma anche qui, piaceri brevi e intensi, preceduti da lunghi discorsi fra sé e con gli amici. Più di un'ora con una donna, Giovanni non era mai stato; le sue scarpe non lo avevano atteso a lungo ai piedi di un letto a due piazze. Ed egli non sapeva come una giovane si svegli all'alba, aprendo gli occhi sorridenti sugli occhi che la guardano da vicino.

"Sposati!" gli diceva qualche zio.

Egli, fra le coltri, mugolava come un gatto disturbato nella cenere calda: "Mamma mia!... Lasciatemi stare un altro anno!"

Il pensiero di dover dormire, tutte le notti, con una donna, gli dava le caldane, come quello del servizio militare a un cinquantenne che non ha mai fatto il soldato. Gli pareva che la moglie dovesse scoprirlo, mentre fuori gelava, tirandosi le coperte sulla testa o rotolando bruscamente verso la sponda del letto. E come grattarsi, nervosamente e piacevolmente, l'orecchio durante il sonno? E sotto la testa, avrebbe potuto ammonticchiare tre cuscini? Poi, perché non dirlo? egli non aveva uno stomaco di ferro.

Quest'uomo, che sveniva alla vista di una caviglia, pensava con paura che un ginocchio freddo potesse sfiorarlo durante il sonno, o la porta socchiudersi, nel pomeriggio, e una testa affacciarsi dicendo: "Tu dormi troppo, Giovanni!" Nelle lunghe ore in cui non avrebbe detto una parola nemmeno per avvertire che la casa bruciava, e si crogiolava nel proprio silenzio, e sentiva ogni momento il piacere di non essere costretto a parlare, la sua fantasia faceva un salto verso le cose più orribili, e fra queste trovava una battuta, pronunciata piano piano da una voce femminile imbronciata: "Perché non dici nulla, Giovanni, alla tua mogliettina?"

Era fatto così.

IV

Naturalmente, alle sorelle questo non dispiaceva. A-
vrebbero preferito un nipotino sulle ginocchia piuttosto
che il gatto; ma se il Signore voleva spaventarle, bastava che mandasse a ciascuna il sogno di una cognata che
si alzava dopo di loro, e chiedeva il caffè a voce alta,
dal letto ingombro di giornali e libri.

Si facevano un dovere di ricordare a Giovanni che
l'uomo deve ammogliarsi; ma uno sprazzo, rosso e lucente,
di gioia e di orgoglio si stampava nel loro viso, quand'egli
rispondeva: "Dove la trovo una donna come voi?"

"Del resto," diceva Barbara, "c'è ancora tempo! A
quarant'anni, un uomo è ragazzo!"

Il ragazzo si guardava le unghie, in cui era rimasta la
tintura nera dei capelli, e borbottava: "Be', be'... lasciamo andare!"

"Tu hai bisogno di una donna seria!" incalzava Rosa.
"Una donna come te! E purtroppo, di questi tempi, in
città..."

"Dovresti cercarla in un paese della provincia!" diceva Lucia, sapendo che il fratello non avrebbe mai intra-
preso un viaggio così breve e così scomodo.

"Sì, qualche volta, andrò a passare due giorni in un
paese!"

"Bisogna che ci vada in occasione di un ballo al municipio! Altrimenti come farai a vedere le signorine?"

"Siamo d'accordo col podestà di Mascali che mi avvertirà, con un telegramma, del prossimo ballo al municipio."

"E ci andrai?" domandava, con un sorriso dissuadente, Barbara, preoccupata ch'egli ci andasse davvero.

"Ci andrò, ci andrò! Auf!... Adesso vado un poco a riposarmi!"

Quell'anno, la sua pigrizia e il bisogno di dormire eran cresciuti talmente che, la sera, Muscarà non riusciva a fargli un discorso che durasse più di tre minuti: al quarto minuto, la testa di Giovanni, dopo aver tentennato, gli veniva addosso con gli occhi socchiusi e privi di vista. Così, quando gli leggeva una lunga notizia interessante, Muscarà aveva la cura di tenere una mano sotto il giornale e l'altra aperta davanti al viso, in modo da ricevere sulla palma la fronte del suo ascoltatore, e rialzarla piano piano.

Il languore cominciava a Giovanni fin dal pomeriggio, quando egli faceva seriamente discorsi come: "La lina stasera non usci."

"Ma perché dici la lina e non la luna? Usci e non esce?" domandava l'amico.

Giovanni alzava una spalla. Ma una volta rivelò il segreto: voleva risparmiarsi la fatica di pronunciare esattamente le parole, perché sembra che, abbandonata a se stessa, la bocca non scelga le vocali dell'uso comune, come un asino a cavezza allentata non va per il mezzo della strada. "Mi secca dirle giuste!"

Muscarà, stanco dell'amico, fece un viaggio e si spinse fino a Parigi.

Rimasto solo, Giovanni acquistò una rivista con donne nude a colori, e la sfogliava avanti indietro, indietro avanti, prima di addormentarsi. Quest'esercizio gli sostituì, con un certo risparmio di forze da parte sua, i discorsi sulla donna.

Un giorno, Muscarà tornò da Parigi con una bella novità. Aveva acquistato una bambola, della grandezza di una donna, e fatta d'una materia che, al tatto, somigliava alla carne in modo impressionante. La "parigina" fu portata, di sera, con un tassì dalle tendine abbassate, per via Lincoln e via Stesicoro; e, avvolta in un pastrano, fu introdotta nella casa di Muscarà, e nascosta entro un armadio fitto di abiti. Ma, due giorni dopo, un bambino, aprendo malaccortamente l'armadio, fece cadere lunga lunga la donna sul pavimento. Muscarà, accorso subito nella propria camera, si diede dei pugni in testa, maledicendo la sua mala sorte, gli ospiti, le donne, Parigi. Poi finalmente riuscì a comprare il silenzio del bambino con una scatola di confetti. Ma decise di sloggiare la pupa, e domandò, la sera stessa, a molti amici se fossero disposti ad accoglierla in casa. Tutti si grattavano la fronte. "Eh, sapete, è un bell'impiccio!... Mia moglie, mia figlia... Perché non pregate il vostro amico Percolla?"

"Uh, per carità, quello lì!"

Infatti, Giovanni era molto geloso della propria casa. Muscarà ricordava che, al tempo della fanciullezza, quando egli, dal balcone dei Percolla, guardando una donna nella strada, diventava cupido in viso, Giovanni, irritato di questo spettacolo di sensualità a pochi passi dalla tavola a cui soleva pranzare la famiglia e dalla poltrona in cui soleva sonnecchiare il padre, gridava con la voce stridula: "A casa mia, no! A casa mia, no!"

Finalmente si trovò un uomo di cuore che accolse la "parigina" nel retrobottega della propria farmacia notturna.

La notizia di questa pupa, che dava alla mano esattamente le sensazioni della carne, si sparse per Catania: tutti volevano toccarla. Personaggi notevolissimi, addirittura i primi della città, lasciavano i loro letti nel pieno della notte, simulando malesseri e dolori di capo, e si recavano nella farmacia. Una lampada rossa pendeva sul banco, la guardia notturna dormiva su un materasso steso per terra, e ogni tanto un cane randagio sporgeva dentro la testa per annusare l'odore di cedrato.

"Venite con me, commendatore!" diceva il farmacista, entrando per primo, con un mortaio di vetro in mano, nel retrobottega sfolgorante di luce.

"Capperi!" esclamava il commendatore, dopo aver passato una mano sulla caviglia della bambola. "È meglio della Maria!"

"E poi," aggiungeva orgoglioso il farmacista, "guardate! Non le manca nulla!"

"Capperi! Capperi!" E il commendatore si abbandonava a pensieri profondi; poi sillabava come fra sé: "La Scienza!" Il professor Martellini, uomo colto, umanista, animo di poeta, rispettoso cavaliere, ricevette una sensazione così forte sulla punta delle dita che fece due passi indietro e si cavò il cappello, avendo trovato nella bambola l'Eterno Femminino.

Solo Giovanni ricusò di uscire dalle coperte a mezzanotte per andare a curiosare con l'indice, come diceva lui. Però la bambola gli appariva nei sogni.

"Diavolo di una pupa!" si lamentava con l'amico. "Me ne parlate tanto la sera, che non passo una notte senza vederla!"

E spesso, al crepuscolo, mentre lo zio diceva ai commessi: "Occhio vivo! I clienti hanno la mano lunga al buio!" Giovanni, telefonando all'amico Muscarà, chiudeva i suoi discorsi in questo modo: "Vediamoci pure dopo cena! Vieni a casa mia! Però, bada, *non si parla della pupa!*"

E Muscarà insinuante: "Sai che la vorrebbe Giuseppino Arena per una notte?"

"E che ne deve fare?"

"Non so... gli amici... Pensano di portarla in una certa pensione, e spaventare le ragazze... Dici che gliela do?"

"Oh, bada!... Può accadere uno scandalo! Io sono del parere di non dargliela."

"Il professore le ha regalato un abito..."

"Un abito?"

Ma ecco che di nuovo si parlava della pupa! Giovanni sbatteva il telefono, gridando "addio!" in mezzo al fracasso del microfono buttato sul gancio.

"È gente fissata!" ripeteva, fra le balle di cotone e i clienti che, al buio, avvicinavano le monete all'occhio. "È gente fissata!"

In quel tempo, le apparenze della sua vita erano più che mai serie e gravi. Rincasava più presto del solito, e mandava fino alle due del mattino, dalla camera di cui un filo di luce imbiancava il balcone dirimpetto, un rumore di pagine voltate.

"Studia?" diceva Rosa.

"Sì, studia!" faceva Lucia.

"Ma che studia?"

"Qualcosa di utile per il commercio."

"Che brav'uomo!" mormorava Barbara. "Che brav'uomo!" E si asciugava gli occhi col fazzoletto.

"Perché piangi, adesso?"

"Eh, la vita!"

"Che vuol dire?"

"Non so: mi viene da piangere quando penso alla vita!"

Era proprio così: la parola vita, comunque usata e pronunziata, anche nel titolo *Vita delle api*, o nel grido del vicino Martinè, che chiamava, con voce stridula: "Vita, ehi, Vita!" la vecchia cameriera che tardava ad aprirgli la porta, inumidiva subito gli occhi di Barbara.

Il penultimo mattino di marzo, essendo i balconi spalancati, i tappeti stesi sulle ringhiere, i vasi di fiori allineati nei ballatoi, e dentro la casa, ovunque, raggi di sole bianchi, gialli, turchini, mentre con la polvere usciva qualcosa di vecchio ed entravano al suo posto una pace, una letizia, suoni di marranzano, le voci "stasera" e "domani" di alcuni passanti, Barbara si abbandonò in una poltrona, torcendosi fra le sorelle che la tenevano stretta per i polsi: "No, io non ho fatto nulla per meritare questo paradiso!" Anche le sorelle piangevano, e, non avendo le mani libere, si asciugavano gli occhi con la spalla.

A Giovanni, di questo non fu detto nulla. Gran parte di quella pace e di quel paradiso era dovuta a lui, al suo lavoro, alla sua bontà e alla sua vita regolare. Ma egli accolse sulla fronte, ogni volta che si curvava a guardare nel piatto, gli sguardi lucenti e pieni di pace delle tre donne, ai quali si univa quello, con un occhio solo, ma non meno affettuoso e riconoscente, della vecchia serva.

Le giornate di aprile furono belle come le notti di luna in settembre. I passanti di via Leonardi, se levavano il capo verso un trillo di rondine, vedevano, al balcone, una donna che balbettava sola, e ogni tanto si gettava indietro i capelli. Era Barbara che diceva, a fior di labbra: "Paradiso in cielo paradiso in terra!... Paradiso in cielo paradiso in terra!..."

Le vecchie abitudini non erano cambiate: ma come un carro che esca, dalla stretta di due muri ciechi, sopra una vista di mare e di giardini illuminati, esse ora andavano, con la stessa lentezza, in un'aria migliore, sotto una luce più viva.

Giovanni faceva quello che aveva sempre fatto, e le sorelle non facevano nulla di diverso, ma tutto, non si sapeva perché, era meglio di prima.

Solo un giorno, la seconda domenica di aprile del millenovecentotrentanove, un giorno... Ecco qui cosa accadde un giorno.

Il buon Giovanni rincasò, come al solito, alle due del pomeriggio. Ma invece di andare a chiudersi nella propria camera, con una maglia sotto l'ascella, andò nello stanzino da toletta, e chiese dell'acqua calda.

Subito gliene fu portata una brocca. Ma Giovanni gridò, da dietro la porta a vetri smerigliati: "Con questa, non mi lavo il naso!"

Le tre sorelle si guardarono a vicenda.

"Ne vuoi ancora dell'altra?" domandò timidamente Barbara.

Fu liberato dai libri e giornali un fornello che non era mai stato mai usato, vi fu collocata sopra una grossa marmitta piena d'acqua e sotto accesa una catasta di legna.

"Dio mio!" diceva Rosa, ascoltando il sibilo della fiamma e il brontolio del vapore. "Che vuol dire?"

Cinque volte, la brocca piena d'acqua calda fu avvicinata alla porta dello stanzino, e cinque volte il braccio nudo di Giovanni, sporgendo per un vano sottile, la restituì vuota.

Un fracasso da non si dire riempiva il corridoio: catenelle tirate con furia, la brocca che cadeva dentro la tinozza di rame, e poi, fuori della tinozza, uno sguazzare a destra e a manca, bestemmie: "Corpo di!... questo sapone è un'anguilla!... Datemi aiuto!" il sapone si era ficcato sotto la porta come un sorcio, e la serva dovette snidarlo con uno spiedo; finalmente, un rigagnolo d'acqua uscì dallo stanzino, percorse il corridoio, entrò nel camerone da letto delle sorelle, e lambì un tappetino.

"Qui... ancora qui... un altro po' qui!" diceva, con voce bassa e agitata, Barbara alla cameriera che la seguiva con una sporta in braccio, dalla quale prendeva pugni di segatura per gettarli sul pavimento.

Giovanni uscì arruffato e chiazzato di rosso, battendosi il petto con le palme aperte. "Ah, santo cielo! Uno si sente un altro!... Da oggi in poi, ogni domenica, dovete prepararmi una marmitta di acqua calda!"

"Ogni domenica?" fece Rosa, guardando Barbara negli occhi.

Barbara inghiottì, e dopo aver indicato al fratello il piatto colmo che gli stava davanti, disse: "...Mangia!"

"Ogni domenica e ogni giovedì," aggiunse Giovanni, passandosi la salvietta sui capelli ancora umidi.

"Due volte... la settimana?" azzardò Lucia.

"Due volte la settimana! C'è gente che fa il bagno ogni giorno; e forse due volte al giorno!"

Lucia ricordò un romanzo, *Sangue blu,* in cui aveva letto qualcosa di simile, e non fiatò.

Nonostante che attribuisse al bagno il potere di aumentar l'appetito, Giovanni toccò appena le vivande; e le sorelle gettavano lunghi sguardi sui piatti che egli restituiva pieni. Ma quando lo videro entrare, come tutti i giorni, nella propria camera, e suscitare lo stridio delle vecchie imposte e scuri, chiusi con difficoltà, le tre donne mandarono insieme un respiro di sollievo. Il capriccio del bagno si perdeva nel sereno quadro delle vecchie abitudini.

"Poverino," si dissero, sorridendo. "Chi sa?..."

Ma non era passata un'ora che Giovanni riapparve col volto acceso, una tossetta alla gola, e di nuovo sapone e pettini per le mani.

"Vado fuori!" diceva. "Non mi fa bene dormire troppo!"

E poco dopo, uscendo dallo stanzino da toletta, lavato e pettinato, diede un ganascino a Barbara: "Diavolo, ci si accorcia la vita, dormendo sempre!"

Il domani fortunatamente fu un giorno assai normale; ma l'altro domani portò una novità.

Alle cinque del pomeriggio, ora di cui Giovanni ignorava l'aspetto e la luce in qualunque stagione e mese, perché l'aveva sempre dormita, si udì dalla sua camera un suono prima inarticolato, come "Tara...lla, tara...lla; uhuu, nanana;" poi più chiaro, e infine quasi melodioso.

Le tre donne si avvicinarono in punta di piedi alla porta del fratello; anche la serva le raggiunse con la scopa in mano. Origliarono.

"Canta!" disse Barbara, agitando le mani convulsamente. "Canta!"

E subito si ritrassero spaventate, al rumore del suo passo che si avvicinava.

Giovanni percorse il corridoio mormorando a bocca

chiusa, nel profondo del petto, un motivo che non si riusciva a distinguere dalla raucedine. Ma due giorni dopo, questo canto divenne sfacciato.

"Ci pensa che, in casa, ha tre sorelle?" diceva Luisa. "Ci pensa?"

Infatti Giovanni cantava a voce alta e, pronunciava distintamente le parole, le quali spesso erano tali che Barbara arrossiva fino alla radice dei capelli.

"Prima di dormir, bambina," cantava Giovanni, "mandami un bacio d'amore!" Ovvero: "Un'ora sola ti vorrei, per dirti quello che non sai!" O addirittura: "Ma le gambe, ma le gambe, mi piacciono di più!"

Aveva un'aria accesa, gli occhi scintillanti, ma che non si fermavano mai sulle "cose della casa", come diceva Barbara; e il suo passo, una volta strascicato, faceva sentire fortemente il rumore del tacco.

Un giorno, a tavola, respinse il piatto: "Non mi piace!" disse.

Ci fu una pausa. Barbara inghiottì, e chiese stentatamente: "Perché?"

"Non mi piace nulla, qui dentro! Nulla! Questa casa somiglia a una capanna di negri! Mi vergogno ad abitarci!"

"Dio!" fece Barbara, nascondendo le orecchie nelle mani: "Dio!"

"Non c'è un bagno come si deve! Ci laviamo una volta al mese, e mandiamo tutti un odore di capra!"

"Tutti?" disse Rosa.

"Tutti!"

"Ma perché lo dici solo ora?"

"Lo dico quando mi piace di dirlo! Sono padrone di dirlo e padrone di non dirlo! Sono padrone di non guardare questo bicchiere, e di guardarlo!... E se lo guardo, posso dire anche che i bicchieri non vanno lavati con la cenere dei fornelli dove ha pisciato il gatto!"

"Ma la cenere disinfetta!... Fanno pure così le cuoche del barone Cardaci."

"Baroni? Facchini di porto!... Basta, via non parliamone più ve ne prego!"

E si ritirò in camera.

Le sorelle tacevano, aspettando il finimondo. Invece, non era passata un'ora che Giovanni si alzò vispo come un ragazzo; cantava; strinse il naso di Lucia, la baciò vicino alla bocca, sebbene poi mormorasse tra sé: "Dio, che odore di pezza vecchia!"

"Arrivederci, pupe!" gridò dalla scala.

"Pupe?" fece Barbara allibita.

Nel timore che quella parola fosse volata per le scale, fu chiamata la portinaia e interrogata minutamente. La vecchia non aveva sentito nulla.

La sera spogliandosi davanti a Rosa, che stava già a letto, con gli occhi spalancati, e il lenzuolo sopra il mento, Barbara disse, fra cattiva e scherzosa: "Chiudi gli occhi, pupa!"

"Chiudi gli occhi, Mariù!" fece eco Lucia, e accennò a mezza voce il motivo della canzonetta.

"Oh, canta anche lei!" disse Rosa. "È un dono di famiglia."

Poi però scoppiarono a piangere e, spenta la luce, continuarono a sussultare nei letti, facendo cigolare le spalliere.

"Eppure," disse solennemente Barbara, rizzandosi come un fantasma nel buio, "eppure devo sapere che cosa gli è accaduto!"

E l'indomani, afferrando maldestramente Giovanni per i risvolti della giacca, Barbara gli disse: "Ma cos'hai, cos'hai?"

"Niente!" fece lui; e, aperte una dopo l'altra le mani della sorella, si scostò di un passo. "Niente!"

"Come, niente?" incalzò Barbara con gli occhi umidi.

"Niente, ti dico!"

"No, fratello mio, ti è accaduto qualcosa!"

"Pensate quello che volete. Ma non mi è accaduto niente! Io esco. Addio!"

V

Invece era accaduto a Giovanni un fatto così enorme che, se l'avesse semplicemente sognato, egli sarebbe rimasto per un mese sottosopra, e ogni notte sarebbe entrato nel letto col batticuore, temendo di avere per una seconda volta quel sogno piacevole e pauroso.

La signorina Maria Antonietta, dei marchesi di Marconella, lo aveva guardato!

Tutto qui? diranno i nostri lettori.

Tutto qui! Ma non è poco, e spieghiamo perché. E innanzi tutto, diciamo che la nobile signorina toscana non aveva guardato Giovanni Percolla di sfuggita, con quello sguardo che ci passa sulla faccia come un barlume di sole rimandato da un vetro che venga chiuso o aperto: ma, al contrario, lo aveva guardato in pieno viso, al disopra del naso, forse negli occhi, ma non proprio nelle pupille, piuttosto fra i sopraccigli e la fronte, ch'era la parte della persona in cui Giovanni preferiva di essere guardato, e che metteva subito avanti nella sala del fotografo, sebbene costui gli dicesse affettuosamente: "Ma così mi venite come un bue!" E in tal modo, non lo aveva guardato per un istante, ma per un intero minuto, e così attenta e compiaciuta che era graziosamente inciampata in una bambina che le camminava davanti.

Bisogna poi aggiungere che la storia più importante di Catania non è quella dei costumi, del commercio, degli edifici e delle rivolte, ma la storia degli sguardi. La vita della città è piena di avvenimenti, amicizie, risse, amori, insulti, solo negli sguardi che corrono fra uomini e donne; nel resto, è povera e noiosa. Del segretario della Provincia, Alberto Nicosia, morto nella vasca da bagno un pomeriggio di domenica, la signora Perretta, dopo cinque giorni di dolore forsennato, ricordò tutta la vita, e i rapporti che lo legavano a lei, con queste semplici parole: "Ah, come mi guardava!"

Le donne ricevono gli sguardi, per lunghe ore, sulle palpebre abbassate, illuminandosi a poco a poco dell'albore sottile che formano, attorno a un viso, centinaia di occhi che vi mandino le loro scintille. Raramente li ricambiano. Ma quando levano la testa dall'attitudine reclinata, e gettano un lampo, tutta la vita di un uomo ha cambiato corso e natura. Se lei non guarda, le cose vanno come devono andare, per il giovanotto o l'uomo di mezza età: uguali, comuni, insipide, tristi: insomma, com'è la vita umana. Ma se lei guarda, sia pure con mezza pupilla, oh, ma allora, la vita non è poi così triste, e Leopardi è un poeta che non sa nulla di questo mondo!

"*Talìa?*" dicono a Catania.

"Che fa, *talìa?*" domanda a voce bassa lo studente al compagno di banco, insieme al quale, col capo chino e rigido, passa sotto il balcone di lei.

"Dovrei tornare al giornale," ci disse una sera, a teatro, uno spettatore sconosciuto, che sedeva accanto a noi, pulendosi, col lembo della giacca, le lenti a pinzetta. "Dovrei tornare in redazione, perché, a mezzanotte, arriva l'espresso della provincia, e son io che lo passo. Ma devo restare qui!"

Incoraggiati dall'aspetto penoso del nostro vicino, noi domandammo: "Perché?"

"Eh!" fece lui, e indicò il palcoscenico ove, in coda a una fila di donne seminude, una ragazza, accecata dalla luce dei riflettori, alzava le gambe davanti a sé e gettava nella sala sguardi vuoti e bianchi. "Quella ragazza, l'ultima della fila, mi guarda!"

"Eh, mi pare!" facemmo noi.

Già volendoci un po' bene, egli ci raccontò una lunga storia di lettere e telefonate, rimaste per il passato senza risposta, ma, quella sera, finalmente coronate dallo sguardo innamorato della ballerina. In verità, la ragazza guardava nella sala come si guarda nella finestra piena di tenebra, da una stanza illuminata; ma ogni volta che i suoi occhi accecati passavano sul nostro vicino di sinistra, il vicino di destra si agitava sulla poltrona, dicendo con gioia e paura: "Ecco, che guarda! Guarda!"

E questi, direte voi, sono gli stessi catanesi che parlavano delle donne in un modo così poco urbano?

Ebbene, sì, quegli stessi, ma nel tempo in cui sono innamorati...

Ora Giovanni Percolla, nonostante tutta una vita dedicata alla donna, e i discorsi su di lei, e i viaggi per lei, non era stato mai innamorato, anzi ostentava un certo disprezzo per il cugino, che passava giornate intere entro la stanzetta più oscura della propria casa, leccando, come un gatto, il telefono con parole soavi, e scomparendo nel fumo delle sigarette. "Bella bestia!" diceva Giovanni, dopo aver gettato uno sguardo attraverso la porta a vetri, che chiudeva, per cinque o sei ore, la scena in penombra di un uomo disteso sopra un cassone, con le gambe in aria e il microfono tra la spalla e l'orecchio.

Così aveva sbadigliato sgraziatamente ogni volta che i suoi amici parlavano di questa Ninetta dei Marconella, chiamandola, per i suoi capelli biondi ammassati sulla nuca, "Quella col tuppo;" gemendo penosamente, la notte, quando uno di loro suggeriva: "A quest'ora Quella col tuppo è a letto! Dormirà in pigiama o in camicia lunga?" chiedendosi l'un l'altro a mezzogiorno: "È salita?" "No, mi pare che sia scesa!" "Io non l'ho incontrata!" "Sarà qui... sarà lì!" cadendo nella più nera mestizia, la domenica, quando il baronello Licalzi, di solito bene informato, annunziava a voce o per telefono: "Quella col tuppo è andata a Taormina!"

"Del tuppo me ne faccio un tappo!" aveva detto, scherzando, Giovanni Percolla. "Voi, le continentali le fate insuperbire! Di ragazze come lei, a Firenze, se ne trovano anche nella spazzatura! Dico per dire! Certo, è bellissima. Ma, santo cielo, tutta una città che parla di lei!... Non mi pare affatto serio! Ha ragione di far la superba!"

E invece quella superba, una mattina, presso il cancello del giardino pubblico, aveva guardato, per un minuto di seguito, Giovanni Percolla.

Come un generale, nominato di fresco, e che sempre ha avuto paura dell'arrivo del generale, entrando nella fortezza si spaventa, al frastuono delle trombe, al secco rumore dei fucili, agli ordini angosciosi di "Attenti!" e "Arriva il generale!" e si volge indietro per vedere chi ci sia dopo di lui, ma poi ricordando ch'egli stesso è generale, e adagio adagio assicurandosi che non deve aver paura, perché è proprio lui che fa paura, sorride di orgogliosa gioia; così Giovanni Percolla.

Spieghiamoci meglio: Giovanni camminava con una certa trepidazione, a sinistra, e due passi più indietro, della signorina Ninetta, quando costei alzò il viso e rimase incantata alla vista di un personaggio evidentemente incantevole. Tutte le qualità dovevano ornare quel personaggio: bellezza, vigoria, bontà, ingegno, gioventù, se una donna lo guardava così. Morso dalla gelosia e dallo sgomento, Giovanni si volse indietro per vedere chi fosse costui. Ma dietro le sue spalle, non c'era nessuno: lo sguardo di Maria Antonietta dei Marconella terminava su di lui; quel personaggio era proprio lui. Dio degli angeli! Giovanni aveva dimenticato del tutto che portava in sé una simile persona, la quale, mentr'egli aveva dormito e fatto con gli amici discorsi poco convenienti, s'era coperta di gloria e di bellezza, aveva scritto poemi celebri, inventato questo e quello, convertito popoli interi alla dolcezza cristiana, e sfidato, con un grido giovanile, molto simile allo strido dell'aquila al mattino, i superbi e gl'idioti. Oh sant'Agata, come se ne ricordava chiaramente, adesso che due occhi, non si sa bene se turchini, dorati o neri, fissavano in lui, rispecchiandolo fedelmente, l'autore di così straordinarie imprese!

Ninetta si allontanò col suo passo rapido e silenzioso, ma in Giovanni Percolla rimase un fremito di leone, quasi che la ragazza, passando, gli avesse buttato addosso la pelle viva di quel nobile animale. Che sensazione piacevole, che ampio e fresco respiro, che nuova gioventù! Subito il motivo di una canzonetta cominciò a rantolare nella sua gola che nulla di estraneo alla parola aveva mai ospitato, all'infuori della tosse. S'iniziò per lui la vita che sappiamo. Poiché quel personaggio, che Ninetta dei Marconella aveva visto in lui, prendeva il bagno ogni giorno, egli entrò nella tinozza due volte la settimana; poiché quel personaggio dormiva poco, egli dormì poco; poiché quel personaggio cantava, egli cantò.

"Quando cammini solo," gli disse, pensieroso, Muscarà, "non devi cantare! Ieri il barone Licalzi, al quale chiedevo di te, mi ha risposto: 'Canta la Marcia Reale in un viale del giardino pubblico!'"

"Hai ragione!" disse Giovanni. "Ma vedi?..."

E si confidò con l'amico, che lo ascoltava grattandosi la testa e nascondendo ora il labbro di sotto con quello di sopra, ora il labbro di sopra con quello di sotto: "Ma può darsi che t'inganni!" disse Muscarà. "Le ragazze talvolta lo sa Dio cosa guardano!"

"E forse guarda lui!" uscì a dire, due giorni dopo, un giovane avvocato, che faceva parte di un gruppo al quale Muscarà confidò i segreti di Percolla. "Le ragazze han certe teste!"

Furono fatte le prove necessarie per accertarsi dei sentimenti di Quella col tuppo. Parecchi gruppi si interessarono alla cosa. Una sera, al caffè del giardino pubblico, questo interessamento divenne palese. Giovanni sedeva in compagnia di Muscarà e di tre giovanotti. "Guarda!" esclamò d'un tratto uno di questi, aggiungendo al grido d'allarme un colpo di gomito: "Guarda qui!"

"No!" disse un signore, d'altronde loro conoscente, che sedeva a un tavolino vicino. "Guarda me!"

"Scusate, perché guarda voi?"

Il signore si avvicinò al tavolo di Percolla, tirandosi sotto la sedia: "Mi chiamo Ferlito, ma sono anch'io un Marconella, da parte di madre! Abbiamo litigato per una questione di eredità. La ragazza mi guarda con astio!"

"Oh, no!" dissero in coro gli altri. "Non è uno sguardo cattivo, quello che abbiamo visto!"

"Sarà, ma guarda me!"

Giovanni si torceva entro il vestito.

"Siamo qui, comunque: staremo a vedere!" aggiunse il signor Ferlito.

Ninetta mandò di nuovo un lampo in direzione di Giovanni. "Te, te, te!" gridò, nella gola, Muscarà, dando tre calci sugli stinchi di Giovanni. "Guarda te!"

Venne eseguita un'altra prova. Giovanni andò a sedere, solo, al tavolino lasciato poco innanzi dal signore. Per cinque minuti, la ragazza stette ad ascoltare un'amica, col viso rivolto a costei; poi finalmente si volse e, dopo aver cercato inutilmente nel gruppo di Muscarà, s'illuminò vedendo Giovanni solo e discosto, e tenne per un attimo gli occhi su di lui.

"Non dico più nulla!" disse il signor Ferlito. "Guarda proprio lui. Complimenti!"

Un avvocato, seduto dieci metri più lontano, alzò il braccio verso Giovanni, e gridò: "Ammuccamu!" che voleva dire: "Mangiamo pure la bella pietanza che agli altri non tocca!"

Fu fatta una terza prova. Giovanni s'alzò dal tavolino, e s'avviò lentamente verso il laghetto coi cigni. Ormai gran parte della folla, seduta al caffè, lo seguiva con gli occhi. Ninetta alzò il viso anche lei, e, illuminandosi come al solito, avvolse Giovanni nel suo sguardo cangiante.

"Non c'è più alcun dubbio!" gli dissero gli amici, quando egli fu seduto. "Ti guarda ch'è un piacere!"

Giovanni non capiva negli abiti; ma nascose il proprio turbamento e, per una certa fedeltà al suo vecchio modo di parlare delle donne, disse che, in fondo, per questo, non sarebbe caduto in convulsione; che la donna è buona per una sola cosa, e basta; che, fatta quella, Dio mio, non c'è più da far nulla con lei! E fu molto volgare. Gli amici lo furono più di lui. Ed egli soffrì pene d'inferno, la sera, ascoltando le confidenze di ciascuno su quello che avrebbe messo in pratica con la Ninetta se si fosse trovato con lei in una foresta solitaria, o in una città distrutta dal terremoto, o in una barca dopo il naufragio del piroscafo con tutti i passeggeri. Quegli eleganti giovanotti, per proporsi degli atti audaci, avevano bisogno d'immaginarsi in una scena totalmente deserta. Giovanni rideva verde, e aspettava che tutti se ne andassero, per rimanere solo col pensiero di lei: aveva fretta di fantasticare un bel quadro in cui, all'incirca, Ninetta si trovasse in un luogo alto, come il palco reale al teatro dell'Opera, o il triforio della cattedrale, o un balcone sospeso nel lume di luna, ed egli giù, con le ginocchia per terra e gli occhi al sorriso di lei.

La notte, ebbe la prima insonnia della sua vita: egli, che non aveva mai visto le ore del pomeriggio perché anche quelle le aveva dormite, vide l'aspetto sinistro che hanno gli abiti smessi, fra le due e le quattro del mattino. La propria giacca, infilata sulla sedia, gli rizzò davanti un personaggio che egli aveva sbadatamente guardato negli specchi e nelle fotografie: era lui stesso. Questa volta, però, non si piacque: ricordò di avere un pessimo profilo, e, nel dormiveglia in cui cadde verso le cinque del mattino, sognò di gettare in terra con un calcio il baronello Licalzi, e d'impadronirsi del profilo greco di costui, come fa il ladro di un portafogli. "Ah, ah, ah!" starnazzò, con forza, cinque o sei volte; e si svegliò con questo riso selvaggio.

"Ma che ha?" domandava Barbara, udendo un tale richiamo di pollaio impazzito riempire il corridoio.

"Niente!" disse, poco dopo, Giovanni, rispondendo alla faccia interrogativa e muta delle sorelle: "Non ho niente!"

Per fortuna, quello scontento non durò a lungo: un nuovo sguardo, che Ninetta fece scivolare verso di lui, fra il tronco di una palma e il piede della statua di Garibaldi, lo rimise in quell'alto sentimento di sé, in quella gioia, in quei ricordi di avere fatto grandi cose, che gli cambiavano, non solo l'espressione degli occhi, così facile a mutare secondo l'umore, ma quella stessa del naso e delle orecchie; il naso infatti si restringeva e assottigliava, le orecchie stavano ferme quand'egli rideva.

"Sai che mi diventi un bell'uomo?" gli disse Monosola. "Che diavolo di cura stai facendo?"

Egli trasalì. "Sono innamorato!" rispose mentalmente; e anche mentalmente immaginò non di gridarlo, ma di dirlo adagio, perché aveva paura che il suo cervello ronzasse, come una sveglia prima di suonare, e facesse sentire a Monosola quello che aveva pensato.

"Maledetto Giuda, dove avete gli occhi?" "Adagio con le zampe!" "Tenete il mio cappello sotto le natiche!" "Porco di non dico chi, non vedete che sono zoppo?" erano le frasi che egli sentiva di continuo attorno al suo delizioso smarrimento.

Una sera, nel negozio, lo zio Giuseppe, venendo meno alla consegna di risparmiare il più possibile, gridò ai commessi: "Accendete la luce! Accendete! Presto! Accendete!..."

Un piccolo cliente rimase travolto da un omaccione in camice turchino, che si precipitò nello stanzino degl'interruttori per eseguire l'ordine del padrone.

"Presto! Accendete!" continuava lo zio. Un lampadario sfolgorò. "Sangue d'un cane, che m'hai combinato, Giovanni? Parla! Che ti ho fatto di male?"

Giovanni, al buio, cedendo a quella stessa mania che gli aveva fatto riempire tutti i fogli del suo scrittoio, le copertine dei libri, i calendari e la carta assorbente, del nome di Ninetta scritto a penna e a matita; con due grosse forbici aveva ritagliato, centinaia di volte, da una balla di seta, quel nome adorato. Uno di questi brandelli era andato a finire sulle spalle del cliente, che ora, con un gemito, si sollevava da terra; e molti altri, attaccandosi alle calcagna, strisciavano sul pavimento.

"È pazzo!" disse lo zio, l'indomani mattina, trovando infilato nella fascia della paglietta un pezzo di seta col nome della ragazza. "E sono andato in giro con questa bella bandiera in testa!... È pazzo! Glielo dirò in faccia!"

Ma Giovanni non se ne dava per inteso: l'unica disgrazia che gli potesse capitare, nel corso di un giorno, era di non incontrare Ninetta e non riceverne sul viso lo sguardo. Solo ricevendo quello sguardo, almeno ogni ventiquattr'ore, egli teneva in vita il Giovanni forte, bello, vittorioso, famoso, buono, giovane di cui aveva sempre ignorato l'esistenza. Quando gli passavano due giorni senza incontrarla, egli si scarduffava i capelli con una mano, e, rientrando nel vecchio avvilimento, balbettava: "Ho sognato?"

Gli amici, sebbene non conoscessero a qual punto egli era arrivato, lo consideravano un codardo, e lo pungevano in tutti i modi per indurlo a far qualcosa che fosse più di un sospiro o di una levata d'occhi. "Avvicinala!" gli gridavano a bassa voce. "Bestia, non vedi che le piaci? Avanti, su!..."

Una sera, furono in cinque a spingerlo per le spalle

verso di lei che stava a guardare la mostra di un'edicola. Giovanni, buttato interamente all'indietro con la forza di un bue, pareva piantato entro terra, sicché uno gli dovette dare dei pugni sui polpacci, e un altro cacciarlo innanzi a ginocchiate sulla schiena. Così, riuscirono a fargli muovere tre passi, e, a un metro da lei, lo abbandonarono tutti insieme, nascondendosi in fretta dietro alcuni platani.

Giovanni rimase fermo come un sasso: il sangue gli era salito negli occhi, ed egli vedeva, gigantesco e vivo, il papa Pio XI che era disegnato a colori sulla copertina d'una rivista.

Bruscamente, Ninetta si voltò; dagli alberi giunse un "Avanti, bestia!" che lo fece impazzire dalla vergogna; l'edicola si mise a traballare.

Ma cosa accade?

La ragazza si avvicina, lo guarda con due occhi che gli mettono il miele dentro le ossa, e fa lei cenno di parlare.

"Che ore sono, scusate?" dice.

Giovanni cava dal taschino un pezzo di carta e, scambiandolo per l'orologio, non riesce a leggervi nulla e dice: "Non so!" poi con un fil di voce, intascando il pezzo di carta e sempre guardando negli occhi la ragazza, aggiunse: "È fermo!"

"Asino, pulcinella col fiocco, lumacone!" furono le parole con cui gli amici lo accolsero sotto l'ombra degli alberi. "Ma non vedi che è lei a *scomportì*? Ma che sei diventato, un mammalucco, un intontito?"

Egli non li sentiva nemmeno. Come un vecchio palazzo che nasconda, fra le mura nere, e sotto le persiane fitte e fradice, saloni illuminati e una festa da ballo, egli si sentiva, dentro, sfolgorante di luce, sebbene lo specchio, nel quale, accendendogli un cerino sotto il mento, Muscarà lo aveva invitato a mirarsi, con un "Paneperso, guardati!" gli mostrasse un viso invecchiato dallo sgomento e un colletto ridotto a un cencio.

Da quella sera, la vita gli piacque come mai gli era piaciuta, e gli antichi amici non gli piacquero più. Erano troppo volgari, e non parlavano mai in lingua come, da un certo tempo, egli parlava continuamente dentro di sé. La sua felicità si cinse di malumore, sicché tutti dicevano: "Ma sei morsicato dalle vespe?" mentre egli era gongolante di gioia.

Si poteva dire di lui che, in alto, gioiva, e, in basso, disprezzava.

Quella che più gli dispiaceva era la vecchia casa, nella quale rimanevano profonde le tracce di quel Giovanni che Ninetta, coi suoi sguardi, faceva di più in più dileguare. Non considerandosi mai solo, egli si sorvegliava minutamente, e, anche a letto, si sdraiava in un modo assai garbato, evitando qualunque rumore della gola o del naso. Una notte, si svegliò con uno strappo al cuore. Si rizzò sul letto e, passandosi la mano sulla fronte sudata, balbettò: "Ho russato?... Dio mio, ho russato?"

Con un salto, fu nel corridoio, e bussò piano alla porta delle sorelle.

"Che vuoi?... Chi è?..." dissero quelle, spaventate.

"Mi avete sentito russare?"

"Come?... Russare?... Ma no!"

L'indomani notte, volle che, vicino alla porta della sua camera, dormisse la serva, su un materassino steso in terra, per sentire se egli russava. Invece, russò la vecchia, ed egli non riuscì a chiudere occhio.

Indossava sempre una veste da camera giapponese e un fazzoletto di seta, e, a tavola, si specchiava perfino nelle bottiglie di vino. Lo sbiasciare di Barbara gli dava ai nervi, e, quando lo schiocco delle labbra era più forte, egli si fermava con la forchetta a mezz'aria, guardando in giù.

"Che hai?" diceva Barbara.

"Nulla!"

"Io non capisco!" mormorava fra sé la zitella, asciugandosi il mento.

"Ma che hai?" gli domandò una volta a voce più alta. "Ho che mangi male!"

La povera donna ebbe un singulto, e non poté aggiungere nulla. Rosa le si fece vicina e, sotto la tavola, le strinse teneramente una mano.

Nessuno dei quattro arrivò alla frutta.

"Io gli dico il fatto suo!" minacciò una notte Lucia, svegliandosi di soprassalto.

E l'indomani glielo disse: "Sei un povero sciagurato, un pazzo, non ragioni più, sei diventato una cosa, una cosa, che non riuscirebbe a sopportarti nemmeno nostra madre, buon'anima!"

"Bene!" gridò Giovanni. "È proprio così! Non ci sopportiamo a vicenda! Anch'io non ne posso più di voi! Di questa casa mal pulita, piena di caraffe vecchie e di scatole mangiate dai topi. Perché di qui non si getta via nemmeno una boccetta!... Cotesta è economia! Così fate l'economia: conservando il vetro sporco e i cenci fetidi!" E passeggiava a gran passi. "Poi, Dio santo, quello che mi fa vomitare è l'odore degli asciugamani!"

"Che hanno gli asciugamani?"

"Puzzano di petrolio! Vi lavate la testa con cose più sporche della stessa sporcizia!... E le mani!..."

"Che hanno le mani?" fece Rosa.

"Sono nere di carbone!"

Tutte e tre le donne si guardarono le mani, pensando quante cose avevano fatto con quelle povere dita; poi se le nascosero sotto il grembiule.

"Così, che vuoi fare?" domandò Lucia, resa calma dal dolore.

"Me ne vado, me ne vado!... Vi manderò il denaro come al solito, puntualmente, ogni fin di mese, ma vivrò in una casa per conto mio! Ho quarant'anni, e voglio sentire l'odore e la puzza che mi piacciono, non quelli che mi fanno vomitare!"

Le donne scoppiarono in pianto. Ed egli uscì sbattendo la porta.

"Mai, mai, mai!" ripeté a Muscarà, che era andato a trovarlo in albergo. "Non ne voglio più sentire! Non metterò più piede in quella casa! Tutto è brutto! L'androne è brutto, la scalaccia è brutta, la luce è brutta (anzi, nel corridoio, non ce n'è affatto!); la serva,Dio ce ne liberi, è una capra vecchia; la piazza su cui danno i balconi è una fogna, la strada su cui dà la finestra è una concimaia! "Anche loro, poverette," aggiunse a bassa voce, e con una certa pietà, "sono bruttine!... E io non voglio più vedere cose brutte intorno a me! Ne ho abbastanza! Da quarant'anni non vedo cose belle! Voglio una casa in cui pure i topi siano belli!"

"Sei un pazzo da legare!" disse Muscarà.

"E anche tu, anche tu! Mi sembri una blatta! Hai l'anima di fango! Parli come un facchino di porto!... Anche tu mi devi lasciar perdere!"

"Subito!" fece Muscarà, alzandosi, rannuvolato, dai piedi del letto. E nell'uscire, disse: "Babbeo di Viagrande!"

"Va bene!" fece Giovanni, voltandosi sul letto. "Va bene! Ma non ti voglio vedere nemmeno scritto sul muro!"

E, acceso un sigaro, se lo guardò con tale ira fumare tra le dita, che il cameriere, venuto a comunicargli che il signor Muscarà lo aspettava fuori per rompergli, lo diceva il signor Muscarà, le corna, si allontanò indietro senza far rumore.

VI

Giovanni si ritirò in un sobborgo di Catania, Cibali, che era composto di un centinaio di case con giardinetto, legate alla città da un vecchio tram sconquassato, il cui arrivo faceva scappare le colombe dal tetto della chiesa.

"Che succede?" domandava il forestiero inginocchiato presso l'altare maggiore, al tremendo fracasso che rimbombava nelle navate. "Arriva il tram!" mormorava il vicino inginocchiato anche lui. "E adesso, che succede?" incalzava, poco dopo, il forestiero, udendo un sibilo lamentoso e altissimo perforare il lucernario. "È il tram che svolta la cantonata!" rispondeva il vicino, sempre inginocchiato, e con la fronte dentro le mani congiunte.

Ma, tolte queste poche interruzioni di fracasso infernale, la vita del sobborgo scorreva quieta e gentile, col vento del mare, che, saltata la città troppo infossata, veniva a dondolare le foglie nei giardini, e la luce dello stesso mare che, lasciando, col medesimo salto del vento, in penombra Catania, veniva a illuminare le persiane verdi e i vetri delle finestre.

Giovanni aveva preso in affitto una villetta di sei stanze, con la cucina, il bagno di mattonelle, il giardino, una terrazza, una seconda terrazza, tre balconi, una legnaia, una terza e quarta terrazza, e infine, su quest'ultima, una torretta che, con una piccola quinta terrazza, era in grado di tenere una persona quasi al livello del campanile e dentro il fumo del sottostante comignolo.

Giovanni prese con sé un cameriere, un brav'uomo, nato a Catania, che aveva prestato cinque anni di servizio a bordo di una nave da battaglia, e portato il caffè perfino all'ammiraglio, che gli aveva preso la tazza dal vassoio senza stornare gli occhi dalle cartine stese sul tavolo.

Parve costui a Giovanni un servitore "messo su con tutti i sacramenti"; gli piacque il nome, Paolo; e gli piacque anche di più l'aria d'obbedienza che gli scorreva su metà del viso da un occhio la cui palpebra non poteva alzarsi interamente.

Il proprietario della nuova casa di Cibali, con infinita cortesia, gli regalò un delizioso gattino d'Angora.

Le cose andarono bene, nei primi giorni. Paolo serviva a tavola coi guanti di tela e la giacchetta bianca, e rispondeva al telefono così garbatamente che Giovanni pregò molti amici di chiamarlo al mattino, in modo ch'egli potesse godersi, dal letto, le frasi gravi ed eleganti con cui il cameriere evitava di rispondere che il suo padrone era a letto, senza però promettere che egli verrebbe subito all'apparecchio. "È meraviglioso!" mormorava Giovanni, agitandosi, per la contentezza, sul materasso.

Ma, come fu e come non fu (in tal modo s'iniziano i tristi racconti a Catania), quest'uomo meraviglioso divenne a un tratto...

Ecco cosa divenne: una subitanea stanchezza e poltroneria s'impadronirono di lui; dimenticò di parlare in lingua, e si diede al più sguaiato dialetto, chiamando perfino il suo padrone "u carannùluni", cioè a dire uccello stracco e privo di meta, e domandandogli, al mattino, quando gli vedeva la faccia ammaccata, se non fosse "tuccatu du cufinu"; lasciò che le dita uscissero dai guanti laceri; si riempì di macchie gialle, marrone e cenerognole che, solo dopo una settimana, perdevano il cattivo odore delle salse da cui provenivano. E tutto questo sarebbe stato nulla, se la sua anima fosse rimasta intatta. Invece, anche da questa parte, la figura del servitore si guastò: una collera insospettata affiorò nel suo occhio spalancato, e una rassegnazione amara in quello socchiuso. Non che fosse cattivo: nella somma dei suoi affetti risultava buono; ma era soggetto a lunghi accessi d'ira; e se prendeva qualcosa nel filo della sua antipatia, non lo mollava finché non ne assistesse alla fine. Uno dopo l'altro, in quell'antipatia capitarono gli utensili da cucina: una pignatta, due padelle, il rubinetto della vasca, un paiolo, le impannate della finestra, la teiera; poi vi capitò anche la brocca; e quindi il secchio per l'immondizia. L'antipatia crebbe velocemente, e si mutò in odio. Egli parlava fra sé di questi utensili, masticandone, e quasi mordendone, i nomi. Giovanni sentiva spesso insultare la brocca con parolacce da trivio; poi c'era una pausa; e veniva la volta della teiera. Chiuso in cucina insieme con gli oggetti del suo odio, era difficile cavarlo fuori con suoni di campanello, di gong, o urlandone il nome: Paolo veniva raramente alla presenza del suo padrone. Col tempo, non si riuscì a fargli portare l'odiata teiera o la brocca, dicendogli: "Portami la teiera!... Portami la brocca!" Così, egli non capiva. Bisognava indicare quegli oggetti con le ingiurie con cui egli li nominava. "Portami la ruffianaccia!... Portami la sgualdrina!" e allora, egli correva subito in cucina, mordendosi le labbra per l'odio rinfocolato.

Né la decadenza del cameriere si fermò a questo punto.

Giovanni voleva bene al gattino d'Angora, ch'era fornito d'ogni grazia, e sembrava una mirabile piuma in cui la natura avesse ispirato una tenera vita per farla salire sui letti e correre ai richiami. Questo gattino dormiva su una sedia, ma senza dubbio soffrendone, perché aveva bisogno di mescolare il proprio calore con quello

di un uomo. Fra la spalla e il collo di una persona, a-
vrebbe dormito una settimana senza svegliarsi, sul velluto inanimato, smaniava e riapriva gli occhi ogni momento.

Nel primo mese, il bel gatto entrava, al mattino, lavato e spolverato, insieme con l'elegante cameriere, e saltava sul letto di Giovanni, trovando presto un rifugio dentro l'arco delle gambe. Ma, spirato quel mese, entrò
sporco di cenere e umido di non si sa che, e lasciò la
sua traccia nera sulle coperte. Che accadeva? Anch'esso
era incappato nell'odio del servitore, che ormai lo chiamava "il polipetto". Poco o nulla comprendendo dei
sentimenti umani, il gatto si arrampicava, all'alba, sulle
ginocchia di Paolo, con gli occhi teneramente fissi nel-
l'occhio, bieco e pieno d'odio, di lui. Giunto in cima alle ginocchia, veniva preso per le zampe anteriori come
un coniglio e calato due o tre volte nel secchio dell'acqua sporca o ficcato nel fornello.

Giovanni non diceva nulla: ormai aveva dato fondo
al suo potere di risentirsi e di litigare. Invece, si era
ingrandita la sua capacità di non vedere le cose che gli
stavano intorno. In questo, lo favoriva la solitudine, lo
favoriva il silenzio, e lo favoriva anche il fatto che nessuno apparisse quand'egli suonava il campanello o chiamava. Del resto, quegli esseri, che ora si presentavano a
lui imbruttiti dalla sporcizia, il servitore e il gatto, erano stati belli poco tempo avanti, e conservavano tuttavia qualche segno della loro nobile origine.

Egli andava a Catania ogni mattina, per immergersi
un attimo nello sguardo di Ninetta (proposito che raramente falliva), e subito tornava a casa di galoppo, come
una spia, che, avendo fotografato un'immagine preziosa,
corre a chiudersi nella camera buia, e vi passa l'intero
giorno fra imprecazioni e gridi d'esultanza. Lo sguardo
di Ninetta, una volta raggiunto il viso di lui, vi rimaneva sino all'alba del domani, evaporando in mille delizie.
Ma, all'alba, si era già consumato! Giovanni, spaventato

di non ricordarla più, tornava a Catania, e sbatteva qua e là per le strade come un uccello in cerca di cibo. Finalmente, ecco la sua veste azzurra, ecco il lampo dei suoi occhi!

"Dai suoi occhi," diceva a se stesso, sdraiato nel giardinetto, su una sedia lunga, mentre un ramo avvicinato dal vento gli riempiva il colletto di formiche, "pare che guardino le più gentili donne del mondo nel momento in cui hanno amato di più, sofferto e avuto pietà!"

Era preso dal sentimento dell'universale. Egli, che nel passato aveva appena riempito lo spazio di un uomo, ora occupava quello di tutti gli uomini.

L'acacia del suo giardino, il pino selvatico e le due palme lo videro, al lume della luna, afferrarsi e tirarsi i capelli, e perfino darsi pugni sulle tempie, per la troppa dolcezza dei sentimenti. Quando sognava che Ninetta sarebbe, quella notte, venuta da lui, egli udiva distintamente tutti i piccoli rumori di battenti socchiusi adagio, di scarpine appena poggiate al suolo, che, nel corso di secoli, le donne avevano mandato recandosi cautamente da un uomo. Le sue fantasie si fermavano rispettosamente al bacio. E come poteva andare più oltre, se già a questo punto il cuore gli batteva fin dentro il muro a cui poggiava la testa?

Talvolta però tutto il suo sangue era preso da un'avidità indistinta e furiosissima, come se da infiniti punti della sua persona si bramasse una cosa sola; ed egli si rotolava e torceva sulla ghiaia umida, dietro le siepi da cui fuggivano gli scriccioli. Il suo cervello produceva, milioni di volte in un minuto, il nome di Ninetta! Per quanto egli si ficcasse le dita nelle palpebre chiuse, cercando di profondare gli occhi nel sonno o comunque nella tenebra, o nascondesse la testa fra i cuscini, e magari, inginocchiato ai piedi del letto, fra un materasso e l'altro; per quanto sbattesse sul letto, ferendosi le ginocchia contro la parete contigua, o camminasse per la stanza in pantofole, e sulla ghiaia del giardino a piedi nudi, non riusciva a fermare quel cervello impazzito. Parve, una notte, che la vita di questo gentiluomo di trentanove anni, il quale, per giunta, era stato nominato da un giorno cavaliere della Corona d'Italia, dovesse svenarsi e totalmente versarsi al di fuori con quelle tre povere sillabe. "Ninetta." L'alba, per fortuna, con un impreveduto abbassamento di temperatura, raffreddò il suo cervello, e vi portò la calma.

La notizia che egli era stato onorato dal Governo del Re con quel titolo, gli fu recata sino a Cibali dal cavaliere di Malta, Panarini, suo nuovo amico. Perché Giovanni aveva cambiato amici, sebbene questo riesca difficile nell'età in cui allontaniamo il libro per leggerlo meglio.

Ma gli antichi amici, coi loro discorsi volgari sulla donna, non facevano più per lui! E poi, bisogna pure dirlo a loro discolpa, non era agevole camminare al fianco di Giovanni. Al pari di tutti i catanesi innamorati, quando vedeva profilarsi a distanza la figura di Ninetta o un'amica di lei o un segno qualunque che ne annunziasse la prossima apparizione, egli veniva preso da una paura collerica, come il comandante della vecchia fortezza, sorpreso dal nemico mentre le porte sono spalancate e il bucato è steso sulle bocche dei cannoni. Nulla era al suo posto per Giovanni, specie nell'attitudine e nel vestito dell'amico, quand'ella appariva: "Voltati!" gridava egli, con la voce strozzata. "Non guardare!... Nascondi il giornale!... Mettiti il cappello!... Non parlare!" E talvolta rigirava l'amico brutalmente, ponendolo quasi con la testa al muro. Temeva sempre che un qualche segnale desse alla ragazza il sospetto che egli avesse pregato una seconda persona di guardare per lui. Leggerezza, questa, considerata abbominevole dagli innamorati di Catania; quasi altrettanto abbominevole che quella di mostrare all'intorno, sotto gli occhi della donna che passa, di essere innamorati di questa bella passante. Perciò il baronello Licalzi, che era anche lui tutto preso di Ninetta, passeggiava, portando quel timore agli estremi, nei punti più lontani dai luoghi frequentati da lei, e spesso partiva, e rimaneva lontano, con l'effetto che la ragazza ignorava perfino l'esistenza di un uomo così squisito.

Ora, per tornare al nostro discorso, i vecchi amici non erano tanto pazienti né tanto ingentiliti dalla passione, da sopportare e comprendere le bizze di Giovanni. Nessuno era in grado di comportarsi come il cavaliere di Malta Panarini, che, afferrato dal cavalier Percolla, e costretto a voltarsi, ad abbottonarsi, a calcarsi il cappello sugli occhi, a nascondere il giornale, a non ridere, a non parlare, sospirava semplicemente un: "Capisco! Capisco!"

Giovanni si licenziò dai vecchi amici e cercò i nuovi fra gl'innamorati di Catania. E innamorati non di fresca data o discontinui, ma antichi e fedeli innamorati.

Come fece a trovarli? Eh, un occhio esperto li distingue subito in mezzo alla folla comune! Basta a dichiararli quell'aria di chiuso e stantìo che emana dalla loro persona, ove, da venti o trent'anni, abita un amore inconfessato. I loro modi sono garbati e fini, ma il loro occhio, abituato a far strisciare lo sguardo, fra spalle e cappelli, o fra alberi e case, fino a lei che non guarda, manda una luce di vecchio faro adibito a un mare deserto. Come s'innamorarono? In maniera molto semplice: videro e s'innamorarono. Di chi? Quasi sempre di una donna rara o per censo o per sangue o per gloria.

Entrando, verso le undici, nella dolceria principale, Giovanni aveva sempre visto, appoggiato allo stipite, il cavaliere di Malta Panarini Galed. Una sciarpa di seta gli avvolgeva il collo, e un cappello di feltro, con le falde abbassate, gli copriva metà del viso. Vent'anni fa, la figlia del principe Carosio, oggi duchessa di Parlova e dama di palazzo in Romania, sorrideva dal balcone stemmato a questo giovane sottile. Poi ella sorrise sempre di meno, e in ultimo sposò un vecchio duca. Vent'anni continui di amore hanno privato la vita di Panarini di molti episodi. Un uomo non può, nello stesso tempo, agire e ricordare: Panarini ha preferito ricordare, e il solco più profondo, che abbia finora lasciato il suo passaggio sulla terra, lo si trova nel sofà.

Poco dopo, sull'unico gradino della medesima dolceria, Giovanni vedeva salire un personaggio dal cappotto di pelo che, avvicinando allo specchio il lato destro del viso, cercava di ricacciare entro il cappello la ciocca bianca che gli pendeva sull'orecchio. Era il signor Laurenti, che amava, da trent'anni, la più ricca signorina della provincia. Incapace di compiere un atto o dire una parola per richiamare l'attenzione su di sé; pronto, nelle sere di scirocco, a confondersi con la nebbia e a lasciare al sentimento degli autisti la decisione di ucciderlo o meno, Laurenti aveva tuttavia collocato il suo cuore nel palazzo più lussuoso della città. Perché? È difficile rispondere: ma forse, per quella stessa naturalezza e mancanza di ogni secondo fine per cui la rondine decide di fare il nido entro il prezioso lampadario di una chiesa invece che sotto una tegola.

Giovanni aveva infine notato alcuni clienti di caffè, che sedevano solitari, con in mano una margherita o una ciocca di gelsomino d'Arabia (il primo fiore spuntava sempre fra il loro pollice e indice). Chi erano, Dio degli Angeli? Gl'innamorati delle grandi cantanti. A questi l'amore è arrivato sul *la* e il *si*. Tutti quanti si sono innamorati nel momento in cui il soprano prendeva l'acuto. Certo, a ripensarci, la fatica di sostenere un acuto deforma il viso, e non è proprio quando il collo si gonfia, la bocca va a destra, il palato biancheggia, il petto traccina in su la veste, che una donna possa legare l'uomo con un nodo eterno. Ma questi innamorati non si accorgono mai dei particolari fisici, specie se momentanei, di una donna: tanto è vero che, per vederla, essi non guardano il punto in cui ella si trova. Sia come sia, molte famose cantanti hanno a Catania i loro fedeli e antichi innamorati, e, quando in una recita, trasmessa per l'etere, i loro acuti fanno tremare la volta del teatro e le lampade di tutte le stanze in cui è aperto un apparecchio radio, nessuno di tali tremiti è paragonabile a quello di certi cuori solitari di Catania che, da venti o trent'anni, adorano in silenzio.

Giovanni non aveva mai dato soverchia importanza a questi personaggi, ma un giorno, urtando col gomito nel gomito di Panarini, sentì quel confuso calore che sente un cavallo se, attraversando, nel buio della notte, un armento che gli struscia sui fianchi ora le corna ora il pelo rappreso, urta improvvisamente in un altro cavallo: le due bestie si fermano, si mettono a vicenda il collo sul collo, si accarezzano i garetti con la zampa e infine si nitriscono nell'orecchio. Così, Giovanni Percolla e Alberto Panarini si fermarono, si sorrisero, si strinsero la mano, confessarono di aver trascorso la vita dicendo ciascuno della faccia dell'altro: "Questa faccia non mi è nuova, e mi è molto simpatica!"

L'amicizia di Panarini fu il filo d'Arianna che condusse Giovanni nel labirinto degl'innamorati di Catania: uno dopo l'altro, egli li conobbe tutti. Voci nuove e pacate gli diedero del tu, ed egli si trovò a rispondere tu a persone di cui spesso dimenticava il nome.

Comunque, fra questa gente, si respirava un'aria diversa. La dolcezza, il silenzio, il garbo, l'amore per la musica e per taluni poeti non lasciavano mai alla volgarità il governo di questi animi. Altro che spintoni: Laurenti pesava quanto un passero, e di Panarini, sebbene fosse alto, non si riusciva mai a trovare il braccio tra le pieghe della manica.

Tuttavia anche qui Giovanni dovette assistere a scene di violenza che aumentarono la sua insonnia. Ma fortunatamente era la più decorosa delle violenze, o almeno la più conforme a una società così gentile: era la violenza subìta.

Gl'innamorati di Catania temevano sempre qualcheduno: "i miei nemici", come dicevano essi, storcendo gli occhi. La loro vita solitaria era insidiata da grida di sconosciuti, che pronunciavano il loro nome in alto, quasi fra i tetti, e da terribili urtoni di gente che correva a testa bassa. A tali paure, Panarini aggiungeva quella, veramente folle, del proprio padre. Mentre la sua immagine, rimembrata con amore dalla duchessa di Parlova, stava forse, in quel momento, a pochi passi dal trono di Romania, egli batteva i denti e tremava come una foglia se, trovandosi nei pressi del palazzo Carosio, un amico veniva di corsa ad avvertirlo: "Tuo padre!"

Ubbidendo al suo primo impulso, Giovanni aveva deciso di alzare le mani in difesa dei nuovi amici: e litigò, infatti, con alcune comitive...

Gli animi s'erano esacerbati, e le cose stavano per prendere una brutta piega, quando, sugli alberi del giardino pubblico, scintillò la prima fetta di luna.

Questa luna di agosto sarà ricordata, a Catania, per molti anni: essa portò un'infinita, sebbene assai breve (non durò più di un mese), dolcezza nei costumi, e spinse l'amore così lontano che anche Monosola impallidì, si liquefece, disimparò i volgari rumori, per cui era famoso tra gli amici e coi quali accompagnava i gravi passi di Laurenti nella notte. In parecchi, il termine dell'amore fu unico: Maria Antonietta dei Marconella. Ma questo non irritava troppo Giovanni, che non riuscì a sentire rancore contro persone che non dormivano, non mangiavano, e non avevan mai rivolto la parola all'oggetto dei loro sogni.

Anzi, una profonda simpatia lo legò a queste persone che, nel vestire sempre meglio, indossavano abiti sempre più stretti.

VII

Quando il cielo di Catania è fosco di scirocco, la luna vi si stempera come un'arancia disfatta; una polvere appena appena luminosa avvolge gli uomini e gli edifici, e l'intero universo sembra disegnato su un vetro sporco. Allora, se in una terrazza si svolge un ballo di gala, non c'è abito né gioiello che riesca a scintillare, e i visi cerei delle ragazze sono coperti di sonno.

Bandiera di questa città, che non sa più combattere la noia e la sonnolenza, e si arrende alle mosche e alle zanzare, per scacciare le quali nessuno ha la forza di levare una mano, ecco un lenzuolo bianco, che pende floscio da un alto torrino, ove, il giorno avanti, fu steso ad asciugare.

Ma quando il vento del settentrione, carico dei freschi odori della montagna, fuga e spazza le nebbie notturne, oh, allora, la luna estiva di Catania è più forte che non sia il sole di Germania nel pieno mezzogiorno.

Una luce purissima fa scintillare tutto quanto si muove, dallo specchio, che viaggia sopra un carro, al più piccolo verme che striscia nel fondo della polvere. Sulle imposte chiuse, colui che dorme vede appiccarsi un fuoco bianco, capace di fondere la pietra sebbene così silenzioso e privo di calore, e fin nella sotterranea dispensa, ove non è mai scesa altra luce che quella di una candela, il formaggio muffito e l'uva passa si affacciano piano piano alla vista in un leggerissimo albore di argento filtrato dalle mura e dai pavimenti. Anche le mosche, uscendo dalla finestra, brillano nell'aria, non più nere, ma bianche come perle.

Se, in una di queste notti, si svolge un ballo modesto entro un cortile, fra povera gente che ha messo fuori dell'uscio le panchette, gli occhi delle ragazze paiono fatti di una materia incorruttibile e destinati a scintillare nei secoli; le galline, accovacciate sulle scale a pioli, somigliano ai pavoni; le colombe, sulle tegole, ai cigni; il fango del cortile al velluto, e le vesti di scatarzo a veli preziosi. Il mondo cambia di qualità; il pregio delle cose sale a dismisura; e il passante, battendo con la punta del bastone un vecchio muro, può farne rotolare un sassolino che starebbe a meraviglia anche nel triregno di un papa.

Come il contadino, che da tanti anni accumula il suo denaro per acquistare un bel cavallo, giunto ad una fiera, e vedendo i più bei cavalli del mondo, decide che il suo denaro lo spenderà tutto qui, così gli uomini di Catania, che da tanti anni non fanno nulla e non godono nulla, confortati dal pensiero che essi risparmino le piccole occasioni per una migliore, giunti a una notte di luna di tale splendore, gridano, in cuor loro, che questa è la volta di spendere, senza rimorsi, tutta la propria vita! Ma come, dove, in che? Ed errano, scintillando dai bottoni, nel fulgore lunare, mai paghi di camminare alla ricerca di un minimo pretesto per commettere una follia. Gli scapoli caparbi, che hanno rifiutato la mano di ricche e nobili Eleonore ed Elene, sposerebbero, questa notte, la prima Agatina che trasparisse dai vetri di una casa a pianterreno. Gli avari, che hanno conservato nel corpo le pietre più dolorose, per non pagare il chirurgo, ora spenderebbero mille lire per vedere un ubriaco saltare su un solo piede o una guardia municipale affacciarsi in mutande al balcone.

Coloro che hanno paura dei viaggi, e la cui unica valigia è ormai trasformata in un'angoliera, che non si può sottrarre al salotto senza farne cadere uno specchio e spegnere la luce, ora entrerebbero, sguazzando coi piedi, in una barca, che, pur facendo acqua, li portasse in Egitto.

Quello che succede agl'innamorati in una notte simile, rimane un mistero, perché la tacita luna insegna ad essi soli un silenzio profondo come quello in cui naviga da millenni; ma chi guarda la loro mano, al mattino, vi trova, ancora rossa, la traccia dei denti (parecchie volte durante la notte, per non gridare di delizia e di sconforto, essi si sono morsi).

Giovanni Percolla ebbe in sorte questa luna in un momento tanto delicato della vita. Naturalmente, le sue smanie crebbero. E crebbero a tal punto che l'occhio bieco del servitore si storceva, al mattino, davanti al viso, marcio d'insonnia, del padrone; si storceva e contorceva, quasi volendo accogliere la pietà. Giovanni non dormiva un solo istante durante la notte; egli riposava due o tre minuti ogni mezz'ora, seduto e anche in piedi, abbassando le palpebre come un cavallo al sole.

Si confidò con Panarini, ma nemmeno costui riusciva a dormire. Era tornata dalla Romania la duchessa di Parlova, e il più alto balcone del palazzo Carosio, riaperte le imposte, riluceva debolmente attraverso le tende. Come si può dormire, quando in alto, vicino al cielo, veglia una luce simile? Laurenti, che assisteva al dialogo, sospirò: "Io!..." E si fermò.

"Tu?..." fece Giovanni.

"Io, ogni sera, inghiotto una palla nera che mi porta giù nel sonno come in fondo al mare. Ma verso le due del mattino..." Verso le due del mattino, il fratello minore, che, al contrario di lui, era grosso, famelico, sanguigno, veniva preso da una fame lupigna che lo sradicava dal sonno e lo cacciava fuori del letto. Masticando a vuoto, si aggirava per la casa, apriva sportelli e scatole, accendeva il gas, e vi metteva a friggere una bistecca. Il fumo acre della frittura invadeva la casa, ed entrava nella camera del più magro dei Laurenti, richiamandolo a un'insonnia che non era più riparabile.

Gl'innamorati di Ninetta, e fra questi Monosola che, camminando su una gamba posticcia, riempiva di un sordo rumore di legno la strada dove abitavano i Marconella, sbadigliavano la sera miseramente come cani alla catena. Monosola disse la verità a Giovanni: "Io m'attacco alla bottiglia del Serenol, prima di andare a letto, e lo bevo come se fosse acqua!"

"E riesci a dormire?"

"Nelle prime ore, sì..."

Dopo questa confidenza, Giovanni acquistò una boccetta di Serenol, vi lesse per tutta la sera la scritta: "Vagotonia, simpaticotonia e anfotonia. Come calmante, come ipnotico;" ne bevve un bicchierino, e andò a letto. Subito, entrò nel sonno, e vi rimase quattro ore, svegliandosi poi con un tale desiderio di consumare nel pensiero di Ninetta le poche forze guadagnate che uscì seminudo nel giardino.

Era l'alba. La luna tramontava in una luce che non era più sua. Il mare lontano, nei punti in cui cadevano le ombre delle nubi, pareva vuoto. Poi disparve la luna, e un sole rosso vinaccia si alzò tumido dal mare, gettando in terra una luce che pareva il sugo stesso dei molti pomodori, ciliege e fichidindia, che affollavano i campi, diventato a un tratto luminoso.

Giovanni si ritirò nella propria camera, e, facendo di Ninetta quello che si fa di una persona cara, perduta la notte innanzi, quando sorge il sole che ella non vede, si nascose in un angolo della propria camera, e cominciò a dire di lei le cose più dolci. La chiamò palombetta, zucchero mio, campanellina, e infine con parole che non significavano nulla: nacanaca, pilipili, zuzu, lapina!

La notte seguente, nonostante avesse raddoppiato la

dose del Serenol, non dormì che mezz'ora. E l'altra notte, non chiuse occhio.

"Ma tu devi conoscerla!" gli disse Panarini. "Ti presento io! Questa sera, andremo a un ballo in un caffè di Ognina, e poi ai bagni..."

Ma quella sera il caffè di Ognina, pieno di tutti gl'innamorati di Ninetta, che stavano accovacciati fra le palme, coi visi tristi e gli occhi bianchi dei negri, ora tirandosi le maniche fino al gomito, ora rimboccandosi i pantaloni, in una smania e inquietezza da non si dire, non vide Ninetta.

Giovanni tornò a casa, camminando innanzi a tutti, con le mani sul dorso.

Da quella sera, egli entrò nella vita mondana. Con una giacchetta color pistacchio, frequentò il ballo notturno di Ognina: partecipò così alle gimcane, e percorse le terrazze legato per un piede a una signorina, poi, voltandosi bruscamente, spense la candela della signorina, e infine rispose prontamente al verso "Perché hai tanto dolore?" proposto dalla signorina, col verso "Disperato per amore!"

Finalmente, fu presentato a Ninetta dei Marconella.

Panarini gli era al fianco, e, fingendo di appoggiarsi al braccio di lui, in verità lo sorreggeva. Giovanni disse poche parole, e abbastanza serenamente. La sua conversazione con Ninetta fu delle più comuni, e talvolta delle più glaciali; ma il sorriso melato di lei, l'indistinto fulgore in cui si fondevano i suoi capelli, gli occhi e l'ovale del viso tremolante come la luna nell'acqua, portarono la mente di Giovanni ad abitare nei cieli come in casa propria.

Egli si sentiva sempre a un'altezza vertiginosa; e la notte, mentre gli amici parlavano fra loro, i suoi occhi erravano da Sirio a Giove, e dall'Orsa Maggiore ad Algol. Tutti gli sguardi, che aveva gettato alla volta celeste nel corso della sua vita, non erano un decimo di quelli che vi rivolgeva adesso tra le otto di sera e le tre del mattino. Il suo sentimento dell'universale si approfondì: amava Ninetta da mille anni: ella era stata tutte le donne più belle, ed egli tutti gli uomini più famosi. Una notte che egli era Giulio Cesare, e andava da Ninetta Cleopatra, entrò sbadamente in una casa dalle imposte chiuse con catene; e scelse, fatto singolare, la ragazza più brutta. Da quando amava la bella toscana, si vergognava di apparire nudo e con gli occhi torbidi davanti alla Bellezza, quasi che lo sguardo di Ninetta luccicasse nello sguardo di tutte le donne che non fossero brutte. Per soddisfare certi bisogni, che del resto lo assalivano raramente, egli andava in cerca di un sesso estraneo a lui e a Ninetta, e ch'era quello delle donne sgraziate.

"Anch'io!" confessò Panarini. "Anch'io!"

Ma non disse altro. E come poteva confessare che, quasi ogni notte, egli s'introduceva in una stanza bassa e affumicata, ove una donnaccia, nemmeno ben lavata, abbassava il lume al suo arrivo? La duchessa di Parlova scintillava, al balcone del proprio palazzo, come nel punto più alto dell'universo, e Panarini, che, per i suoi deboli nervi, era anche molto desideroso, andava a fissarsi nel punto più basso e lontano dal balcone di lei. "Che hai?" gli diceva la donna; ed egli, che aveva giurato la sera innanzi: "Muoia mia zia Caterina se entrerò ancora in quell'uscio!" girava in silenzio, per le pareti coperte di ragnatele, i suoi occhi pieni di lutto. Col tempo, i giuramenti si fecero più terribili: "Muoia mia sorella!" "Che io perda la vista degli occhi!" "Che mi si tiri una fucilata al buio!" E i suoi occhi si posarono sempre più disperati su quelle ragnatele...

"Ah, anche tu?" disse Giovanni. "Com'è strana la natura!"

Ma la natura si mostrò addirittura odiosa, quando, nel cuore di una notte in cui gli pareva che la luce lunare strisciasse sulle cose come un archetto su infinite corde di violino, cavandone suoni ineffabili, egli si accorse, da un fastidioso prurito, che in una parte del proprio corpo abitavano immondi animali.

"Ah, questo no! Questo no!" si mise a gridare, saltando per la stanza come un sorcio a cui sia stato appiccato il fuoco.

Decuplicò le dosi degli unguenti prescritti per il suo male, si rosolò la carne sino a coprirsi di sangue e di croste; ma, in un giorno, gl'immondi insetti furono scacciati dal suo corpo d'innamorato.

Così poteva recarsi al lido ove Ninetta prendeva i bagni.

Egli non osava avvicinarla, e stampava della sua pancia e dei suoi ginocchi alcuni punti della rena a duecento metri dalla cabina di lei. Alla medesima distanza, altri innamorati, né magri né agili, strisciavano sulla sabbia, scavandola come aratri.

Queste tracce di uomini contemplativi, capaci di rimanere supini al sole per cinque ore di continuo, sarebbero poi cancellate dal vento che in autunno infuriava e dal mare che vi cacciava le sue molte lingue; ma, sino a tutto settembre, rimanevano forti e incolmabili, conservando perfino durante la notte il calore di quei corpi arsi dal sole e dalla febbre. Di sera, alla luce scialba delle stelle, il lido sembrava tutto affossato di sepolcri vuoti.

Giovanni, la prima volta che andò al mare, capitò, nel tram, con Muscarà il quale tentava invano di far vedere il suo inchino profondo a una ragazza dal naso schiacciato che stava presso una porta.

"Ma perché," gli disse Giovanni, cercando di tornare al suo linguaggio spregiudicato, "ti consumi la testa per quella blatta?"

"Ha un seno durissimo!" gli sussurrò, strizzando un occhio, Muscarà. "Ci si possono schiacciare noccioli: l'ho sentito ballando!"

Questa battuta, che lo richiamava a un modo di vivere che oggi gli pareva di un altro, suscitò tutte le ripugnanze di Giovanni. "No, Muscarà è insopportabile!" si disse, voltando le spalle all'amico di una volta.

Al mare, incontrò Monosola che arrancava, tirandosi dietro la gamba rigida, verso un punto della spiaggia dal quale la macchiolina azzurra, in cui la distanza aveva ridotto Ninetta, avrebbe forse mostrato qualcosa di umano. "Ci siamo tutti!" esclamò Monosola.

"Eh, ci siamo tutti," consentì Giovanni.

Anche i giovinastri trattavano il cavaliere Percolla con una simpatia rispettosa. Uno di costoro, nero e coi capelli a spazzola, chiamato a voce alta Tarzan, e a voce bassa il Bagnino, ma tanto più simile al nome che non gli era mai arrivato all'orecchio; Tarzan o il Bagnino, dunque, salutava l'arrivo di Giovanni alla spiaggia con la sua voce cavernosa: "Cavaleri, 'u mari è vacanti!" Cavaliere, il mare è vuoto: il che voleva dire che Ninetta non era ancora venuta. Oppure: "Cavaleri, s'allinchu 'u mari!" Cavaliere, il mare s'è riempito: il che voleva dire la cosa opposta...

"Dio mio, Dio mio!" fece un giorno Panarini. "La ragazza dice che sei un orso, che non l'avvicini, e non la saluti nemmeno!"

Giovanni tremò. Ma l'indomani navigava, coi piedi nell'acqua, taciturno, grosso, nero, immobile, come un forzato condotto ai bagni, sul "moscone" dei Marconella.

E così fece ogni mattina, senza spiccicare mai una parola, all'infuori di alcuni *prego, grazie, buon giorno, sì, no*. Erano i momenti migliori della sua vita (questo egli lo sapeva), ed erano momenti orribili. Quando una mano gli si posava sulla spalla, e dall'alto, quasi dalla cavità dei cieli, gli giungeva: "Permettete?" ed egli, senza muovere il capo, senza storcere un occhio, vedeva ch'erano la mano e la voce di lei già in piedi sul sedile per spiccare il tuffo, tutto il mare gli si vuotava e il moscone pareva scendere in silenzio verso il fondo della terra.

Una sera, giunse a Cibali Panarini, grave in volto come se dovesse comunicare la morte di qualcheduno.

"Cosa c'è?" fece Giovanni, pieno d'apprensione.

Panarini non rispose subito; poi mormorò lentamente:

"Tu devi dirle qualche cosa!... Eh, insomma!"

"Ahi!" esclamò Giovanni, colpito al cuore dai nuovi terribili e deliziosi doveri che il progresso del tempo e delle circostanze gl'imponeva.

"Parla, aprila codesta bocca! Dio ci ha dato la parola!"

"Parlerò, sì!" mugolò Giovanni, nel fondo del petto.

Ma il domani fu uno dei giorni più taciturni della sua vita: tutto quanto si trova nell'aspetto degli stupidi e nelle fotografie mal riuscite, egli lo ebbe in viso per il tempo che rimase in barca con Ninetta.

Solo quando scoppiò la bomba di mezzogiorno, egli si scosse e sillabò: "Grazie... di quello!..."

"Che cosa, quello, signor Giovanni?"

"...Niente!"

La ragazza aspettò ch'egli continuasse, ma visto che taceva, si mise a remare riportando a riva quell'uomo che da lontano, e anche da vicino, pareva un sasso.

Il giorno dopo, e tutti gli altri giorni, le cose non andarono meglio.

Giovanni, viaggiando verso Cibali, insieme a quel se stesso che non aveva spiccicato una parola, come insieme a uno sciagurato bambino che non si è potuto bastonare in pubblico, e si ha fretta di riportare a casa, si diceva intanto a bassa voce gl'insulti più duri. Giunto a casa, si dava finalmente quelle bastonate che si era promesso, sbattendosi la testa contro le porte e mordendosi le mani. C'era, dentro di lui, un Giovanni ch'egli odiava, un Giovanni allocco, un Giovanni paneperso, un Giovanni paralitico. Costui gli faceva perdere la testa a tal punto che, pur conservando immacolata l'adorazione per la propria madre, gli gridava come un ossesso: "Figlio di...!"

No, in verità, nemmeno con le tenaglie si sarebbe strappato una parola dalla bocca, alla presenza di lei! E fra poco la stagione dei bagni si chiudeva!...

Fortunatamente giunse a Catania un Parco di Divertimenti, che piantò le tende nel piazzale del giardino pubblico. Alcune trombe argentine, squillando fra i salici e gli alberi di pepe, fecero alzare il viso ai pigri cittadini.

Le occasioni di vedere Ninetta raddoppiarono.

VIII

L'ingresso del giardino pubblico scintillò di lampade colorate. Questa luce, disseminata sugli alberi, partoriva ogni minuto serpenti, fontane, farfalle, mosche grandi come le aquile, aquile minute come le mosche, grinte di uomini celebri, parole gentili verso il popolo di Catania, e infine, quasi a ricordare il chiodo, la réclame del Serenol: "Prendete il Serenol e dormirete!" (Fin dal terrazzino di Cibali, nella sedia con la quale aveva cambiato l'inutile letto, Giovanni vedeva, entro il cielo di Catania, quella scritta luminosa.)

Nel piazzale del giardino, fra musiche e stridori di carrucole, una decina di palchi e stecconate invitavano i cittadini a salire come palle verso il cielo, a correre a zig-zag, a capovolgersi, a sparare, ad aver paura, a silurare le navi, a ridere, a vomitare, e, se potessero, a profittare di un momento di buio con la donna amata.

La prima sera, la folla sfilò, sospettosa e ammutolita, davanti alle ringhiere di legno e ai banconi, borbottando gli uomini alle donne che quasi si nascondevano dietro di loro: "Non è cosa per signore!" Ma la seconda sera, essendo il principe di Roccella montato su una macchinetta da corsa, impegnando una gara, tra faville, scoppiettii e parole francesi, con la figlia, montata su un'altra macchinetta, la folla ruppe le righe con un grido di giubilo, e i vari giochi si riempirono di pallidissime facce e disperate invocazioni alla Madre di Gesù.

Volarono le vesti: dall'alto di una pertica giunse il lampo di due gambe di ragazza. Se questo lampo fosse stato accompagnato dal più fragoroso dei tuoni, non avrebbe potuto far tremare di più. Era l'annunzio, dato al pubblico dal fondo dei cieli, che gli occhi avrebbero visto gl'incarnati più misteriosi della donna. Subito la folla raddoppiò, triplicò, decuplicò; e coloro che venivano a sedere, da vent'anni, alla stessa ora, sui sedili di ferro, ai limiti del piazzale, dovettero rannicchiarsi e ritirare i piedi, per non dire ogni momento: "Ahi, botta di veleno!" ovvero: "Ahi, morte subitanea!" ovvero anche: "Botta di sangue a te e a quel caprone di tuo padre!"

Ma sia per effetto della luna, sia per effetto di un leggerissimo gas esilarante che, quell'agosto, si era sparso nell'aria, le signore e le signorine affollarono ugualmente il Parco dei Divertimenti; e i mariti inghiottivano, quasi in silenzio, le loro brave bestemmie, quando le mogli salivano in aria fra i mugolii della folla maschile.

"Pare che siamo a Milano!" esclamò la signora Badile, salendo per le montagne russe con uno slittino, mentre il marito di un'amica le stringeva i fianchi per sorreggerla. "Già," rispondeva, fra la saliva, il suo compito cavaliere, avventandole entro il corpetto, col solo occhio sinistro, un'occhiata di falco.

"Ci sono tutte! Vieni anche tu!" disse Panarini a Giovanni.

"C'è anche lei?"

"Ma ci sarà anche lei!"

La sera, Giovanni e Panarini si confusero con la folla dei soldati e dei borghesi, respirando qui odore di capro, qui profumi di mughetto, qui un misto e confuso fortore di dispensa ove ammuffisse qualcosa. Intorno al Palco delle Trottole a zig-zag, ove i carrelli, aperti davanti, roteavano sbattendo una volta a destra una volta a sinistra, si accalcava più densa la folla.

"Guarda! Guarda!" diceva un giovanotto dagli occhi velocissimi. "La figlia del generale si stringe!"

"Eh, si stringe ch'è una bellezza!" diceva un altro.

"Uh, uh, uh! E dove l'ha cacciata, la mano?" faceva un terzo.

"Chi?" domandava un quarto.

"Lui!"

"Già, già, già! Madonna santissima! E che è, senza mano?"

"Ma quale mano?"

"La destra, orbo della malora!"

"Vero è! Vero è! Sono morto!"

"Sono cadavere secco entro il vestito!"

La giostra rallentava, e quindi si fermava.

"Me ne vado!" disse colui che aveva parlato per primo.

"No, aspetta! Quest'altra partita è più bella! Ora sale la Marzacane! E che vuoi perdere, la Marzacane?"

La Marzacane, difatti, prendeva posto in un carrello, tenendosi, con una mano, il lembo della veste.

"Hai voglia di tenere!" borbottò un soldato. "Sangue devi buttare, dal naso! Le cose di Dio, devi mostrarle!"

La giostra si mosse con uno strappo, e la Marzacane, come tutte le altre, portò una mano alla bocca per non gridare, lasciando le vesti al vento della corsa a zig-zag che s'infilava come un serpente.

"E chi se ne va di qui?"

"Manco morto!"

"Turi!" gridava una voce più lontana. "Turi, vieni qui: questo è il punto! Turi, Tuuri!" continuava poi, come in preda a un dolore mortale. "Tuuuuri!..."

Giovanni e Panarini si allontanarono col naso in su, le mani sul dorso, e le labbra atteggiate a disgusto. Ma, intorno agli altri palchetti, le esclamazioni e i gemiti, se erano meno alti, non avevano un tono diverso: c'era sempre, nella bocca degli uomini, come un flauto roco di saliva.

"Tutte ci sono, tutte!" mormorava Panarini. "Ma lei no!" aggiungeva fra sé.

"E lei no!" echeggiava, anch'egli mentalmente, Giovanni. Errarono lungamente, fra gomitate, calcagnate e urla di giubilo che li trafiggevano più di un coltello, coprendosi di coriandoli, sputi, polvere da sparo e polvere di terra, odore di gas e di acetilene, e impronte nere di mani sulla giacca bianca, fitte come quelle dei piedi sulla sabbia del lido. Finalmente Giovanni disse: "Andiamo!"

E andarono.

"Non ci verrò mai più!" dichiarò Panarini.

"Ah mai!" fece eco Giovanni.

E invece vi tornarono ogni sera: dalle trombe argentine fra gli alberi, si partiva una voce troppo simile a quella della speranza. C'erano tutte: perché, quella sera, non avrebbe dovuto esserci anche lei?

E intanto avevano trovato qualcosa che favoriva i loro sottili legami e, lavorando sulle cime degli alberi, al di sopra dei fari, laddove le foglie possono dormire nella tenebra indisturbata, univa fili quasi invisibili fra i balconi lontani e il piazzale del giardino.

Infatti, dal punto più alto in cui lo slittino delle montagne russe giungeva dopo un tortuoso cammino, un attimo prima di sprofondare nel vuoto, si vedeva, piccola per la distanza, la terrazza interna dei Carosio, con un balcone quasi sempre socchiuso. Panarini, sebbene soffrisse acerbamente il mal di mare, entrava ogni momento nel recinto delle montagne russe, occupava, tutto solo, una slitta, e saliva nell'aria. Giovanni, da basso, lo vedeva seguire una spirale fra corde, catene e pertiche, e poi scorrere su un piano in declivio che lentamente pareva portarlo fin sopra le nubi. Quivi la slitta inciampava e sostava un attimo: di qui Panarini lanciava verso la terrazza dei Carosio un fulmineo sguardo che lo riempiva di gioia. E subito dopo era la volta delle cose sgradevoli: lo stomaco gli si vuotava, gli spalancava l'abisso, ed egli, calcandosi il cappello fin sugli orecchi e chiudendo gli occhi, precipitava, con un fragore di tuono, fra le braccia di Giovanni che lo accoglieva sul petto, dicendogli: "Non ci andare più! Sei tutto tremolo!"

L'altro spiccicava due o tre volte le labbra, come se avesse mangiato veleno: e non rispondeva nulla.

Laurenti, invece, seguendo la propria natura, che lo portava al riposo e al godimento, guidato dai lunghi sogni su un viaggio a Venezia insieme con la ricca ereditiera Merlo, pagava una lira, ed entrava nel baraccone "A Venezia in gondola." Qui sembrava davvero di trovarsi nella laguna. L'illusione era perfetta: sei gondole giravano lentamente, diguazzando in un po' d'acqua scura nella quale le donne immergevano le mani; Venezia, dipinta entro una cupola, girava con le gondole; e nell'aria volava un motivo nostalgico. Laurenti poggiava la nuca sulla poppa della gondola, guardando il pupazzo che, ritto a prua con un remo in mano, lo precedeva nella penombra; e a poco a poco s'appisolava. Poiché sceglieva sempre la stessa gondola col lampioncino più grosso, la sua testa addormentata, nel riflesso della luce turchina, era visibile a distanza; e subito le inconsulte grida, che lo avevan sempre seguito, gli si avventavano da ogni parte, ripetendo, questa volta con un'ombra di ragione: "Va' a letto!"

Giovanni ingannava il tempo tirando a bersagli fissi che non riusciva mai a colpire. Una sera che se ne stava a mirare col fucile ad aria compressa, dicendo fra i denti: "Cornuti! Qui ci dev'essere il falso inganno!" Panarini gli mise il mento sulla spalla, e sillabò: "È qui!"

Il fucile di Giovanni sparò quasi da solo, e colpì il bottoncino: un lampo di magnesio investì i due amici, e una voce disse: "Bravo! Siete stato fotografato!"

Giovanni pagò subito, e si mise ad errare per la folla, seguito a stento da Panarini.

Quella sera, il Parco dei Divertimenti si era accresciuto di un nuovo baraccone: la casa degli Spettri.

Si prendeva posto, di solito in due, uomo e donna, nello stesso carrello che, scorrendo sopra un binario, entrava nella casa misteriosa: la porta si richiudeva, come per un colpo di vento, dietro al vagoncino, e la coppia faceva un lungo giro nel buio, fra spaventi d'ogni sorta. Dopo alcuni minuti, un'altra porta si spalancava, con un fracasso di ferraglia, e il carrello precipitava fuori. I due viaggiatori avevano un volto strano: pareva volessero conservare il segreto su ciò che avevano veduto; e non davano a capire se si fossero divertiti, spaventati, annoiati... Insomma, la sapevano lunga.

Questo baraccone segnò una data nella storia del costume, rivelando che i mariti di Catania hanno poco da invidiare ai mariti di Milano o di Parigi: nulla di male, intendevano forse dire col loro sporgere le labbra, che la moglie salga insieme a un amico, fidato naturalmente nel carrello, e faccia in questa compagnia il suo viaggio al buio! Essi aspettavano pazientemente fuori, con la borsetta di lei sotto l'ascella, e mostrando una faccia quasi sorridente all'occhio scrutatore e malevolo delle ciurme di scapoli. Quando, dalla Casa degli Spettri, si levava un lamento fra di trombetta e di gatto malato, e ch'era il grido della strega, i mariti respiravano: poco dopo si spalancava la porta, e la moglie usciva, un po' pallida e un po' troppo rassettata.

"Com'è, cara?"

"Mah... non so!"

Giovanni capitò nel gruppo di Ninetta e amici, proprio davanti alla Casa degli Spettri.

"Ci andiamo?" dicevano alcune voci femminili. I giovanotti tossivano, per non far capire che "avevano interesse" a sollecitare la cosa.

"Oh!" fece Ninetta, con la sua voce di miele. "C'è il signor Giovanni Percolla!" E mettendogli il braccio nel braccio: "Mi accompagnerà lui! Andiamo!"

Panarini, nell'attimo che impiegò per dargli uno spintone, infilò nell'orecchio di Giovanni alcune parole, dette nel più basso e corto modo possibile: "Audacia, trattasi tua felicità."

Giovanni non rispose nulla. Salendo i tre gradini della Casa degli Spettri, rabbioso, cupo, deciso, come non era stato mai, si ripeteva fra i denti: "Questa volta, me la mangio!"

Prese posto nel carrello, vicino a Ninetta, di cui sentiva così forte l'odore che gli pareva di averla già mangiata e tenerla tutta dentro il sangue.

"Ohè, Giovanni!" disse la voce di Panarini. "Ecco la fotografia del tiro a segno!"

Giovanni ricevette, dalle mani di un ragazzo scamiciato, un cartoncino in cui vedeva se stesso, con un viso di annegato che cerchi di non bere acqua, e il fucile in braccio.

"Si può?" disse Ninetta, poggiando un dito sul rettangolo di cartone.

Ma in quel momento i campanelli del soffitto intonano la Marcia Reale, si apre una porta, e il vagoncino vi entra. Si richiude la porta, e si scivola tortuosamente nel buio. Non esiste più nulla per Giovanni; la storia del mondo è una bugia, ed egli l'ha già dimenticata; cose ben più grosse han preso il posto dei numerosi popoli e degli ampi teatri in cui hanno operato il male e il bene; e sono, a seconda degli urti, la mano, il ginocchio, la spalla, i capelli di lei.

D'un tratto, il carrello si ferma; e la Casa degli Spettri manda un sordo rumore di macchina inceppata: le porte sbattono; le catene stridono; lo scheletro s'illumina a metà; e il carrello riceve colpi secchi che lo fanno sobbalzare senza riuscire a smuoverlo.

"Dio mio!" fa Ninetta. "La macchina s'è guastata!"

Fuori i mariti levano la voce: "Come va questa faccenda, don Gaetano?"

"Si potrebbe fare più presto? Non ne avete mani?"

"Alziamoli i piedi! Tacchiamo!"

Le ciurme degli scapoli cominciano a parlarsi nell'orecchio: "A quest'ora!... Eh, eh!... Le fanno uscire il sugo!... E lui si tocca la testa!... Nascondi quel fazzoletto rosso, compare!... Fra nove mesi si vedrà, coraggio!... Se ne rompono pezzi di seta, in questo momento!... Chi ha fretta non aspetta!... Eh, quella cosa non sente ragione!"

Frattanto, nella Camera dello Spettro, è avvenuto un fatto smisurato, come se la pagina in cui erano stampate le cose ordinarie, il cielo della notte, il sole, la luna, i piccoli animali domestici e i feroci, gli alberi e i fiori, le abitudini secolari del mangiare, bere, dormire, la noia, la paura e la stanchezza, fosse stata voltata, e una nuova pagina scintillasse sotto gli occhi, ancora non letta. Il fatto è questo: probabilmente, la mano di Giovanni è dentro le mani di Ninetta!

Ma di ciò, Giovanni non è sicuro. Anzi, può trattarsi di qualcosa totalmente diverso: che la mano di Ninetta si trovi fra le sue. Domandategli poi se è la destra o la sinistra, se il carrello si muove o sta fermo: egli non sa nulla! Unicamente sa che la battaglia contro il proprio silenzio e timidezza è finalmente terminata, e le radici della sua vita profondano in un mare di latte tiepido. Il suo passato, come la crosta della terra che, dopo la notte, rientra a poco a poco nel sole, è diventato così visibile nei minimi fatti ch'egli può dire di trovarsi ancora in tutti i luoghi dai quali è passato, e di non essere né più giovane né più vecchio di tutte le età che gli è toccato di avere prima di giungere ai quarant'anni. Ecco i bei ciottoli di via Roma, e le scorze di mellone; ed ecco, sulle gambe, la fresca seta della vesticciola! Ecco il calamaio del banco di scuola, e il sapore d'inchiostro che arriva in bocca dalla punta delle dita!... Santo cielo, quante graziose parolacce!... È il padre che parla: tornano in fila tutti i discorsi del padre, perfino il primo, che Giovanni non aveva ricordato, e forse mai sentito distintamente:

"Questo bambino non somiglia né a te né a me. È una testa di rapa. Non siamo stati mai così brutti né tu né io!"

"E allora perché gli vuoi bene?"

"Il diavolo lo sa! È una cosa del diavolo!"

"Ma vedrai che si farà bellino!"

"Da che parte, deve farsi bellino? Se non c'è nulla da pigliare, maledetto Giuda!"

"Smettila di baciarlo così! Gli porti via gli *occhiuzzi!...*"

Il caffè coi tavolini di ferro arrugginito, nel piccolo paese di montagna. Un solo tavolino è occupato: vi seggono i più grossi personaggi, il sindaco, il medico condotto, il segretario, l'ingegnere, il barone, e il commendatore Percolla. Sugli altri tavolini, un cameriere, vestito di un gabbano logoro, passa lo strofinaccio. "Eccolo, eccolo, eccolo!" dicono tutti i personaggi, mentre il minuscolo Giovanni s'avanza per la piazza che non finisce mai. "Vostro figlio! Il figlio!... Il maggiore!... Pallido! È pallido... Brutto colorito! Iniezioni! Ferro per bocca! Sport..."

"Amico mio," dice finalmente il padre, quando egli è a trenta passi di distanza. "Che abbiamo fatto, oggi? La solita storia?" E gettando fiamme dagli occhi, chiude il pugno e fa nell'aria il gesto di chi tiri una corda di campana. Giovanni scappa a gambe levate, fino alle porte del caffè opposto e rivale, nei cui vetri tintinna la risata dei lontani grossi signori...

Camera da letto, porta aperta e, nel fondo, un'altra camera coll'immagine della Sacra Famiglia sul letto a due, dalla cui spalletta si vede ogni tanto emergere, coperta di uno zucchetto bianco, la testa del padre che sbuffa e rimuove i cuscini:

"È il mio unico figlio maschio, è la 'pupilla dei miei occhi, mi piace tutto quello che fa; è simpatico, sa parlare, sa muoversi, sa stare zitto; è un re davanti agli altri, ha l'aria di un re, gli possono leccare i piedi, gli altri; me ne fotto dei loro figli; non portano che scimmie per mano, io invece ho un bel ragazzo, un vero maschio; se qualcuno gli fa tanto di male, gli ficco questo dito negli occhi!..."

"Ma zitto! chi deve fargli del male?"

"Eh, il mondo è pieno di cornuti! Che ne sai tu del mondo?..."

Un portone socchiuso, e il cavaliere Muzzopappa vestito di nero. Il vecchio Percolla gli mette una mano sulla spalla: "Anima mia, vi comprendo! Non vi dico nulla! Che vi dico, di non piangere? Avreste ragione di darmi un colpo in testa con quel bastone! Piangete, tiratevi i capelli, ammazzate la gente per le strade, buttatevi dal balcone: avete il diritto di fare quello che volete. Quello che volete! Un padre non deve veder morire il figlio! Che me ne faccio degli occhi, io, se quelli di mio figlio sono chiusi? Me li appendo, con rispetto parlando..."

Di prima sera. Egli esce a far prendere un po' d'aria a un piccolo cane nero legato al guinzaglio. Torna, dieci minuti dopo, col guinzaglio attorcigliato fra le mani, e i denti che gli battono; la povera bestia è stata uccisa da un'automobile. Le mani gli odorano ancora del pelo caldo di lei. La notte, sente qualcosa saltargli alle gambe e leccarlo leggermente. È l'ombra del cane? Meditazioni sulla morte, in fondo a una poltrona, con una guancia dentro la spalla, mentre alcuni carri, carichi di travi, col loro allegro rumore di ferraglia, fanno "ridere" i vetri del balcone. Giunto egli nell'altro mondo, uno spettro di cane, che lo attende da molti anni, si leva da uno spettro di cespuglio, e gli fa un'interminabile e silenziosa festa...

"Ma insomma, sciocchezze!" dice Muscarà.

Migliaia, centinaia di migliaia di discorsi sulla donna gli tornano all'orecchio. "Lei, uh, ah, lui, così no, la mano, la gamba, la coscia, il coso, la cosa, ahi ahi!..." Occhi fuori delle orbite, musi in fuori. "Signora, vi presento il mio amico Scannapieco!"

Scannapieco sorride, e non dice una parola. Quando la signora s'allontana, Scannapieco si butta sull'amico, per far sentire in quale orribile stato si trova, a causa di quel pezzo di signora...

Il vecchio barone Belmonte, che brav'uomo! Solo che, quando vedeva una donna, anche a un miglio di distanza, anche dipinta in un manifesto, cominciava a mugolare fra i baffi: "Bella, zucchero mio, gioia mia, vieni qui!" Egli andò a finire sotto una ruota, e vi perdette una gamba, per guardarne un'altra, di donna, dentro la carrozza...

Ma l'odore della guazza, come si sentiva, uscendo dalle chiese, al tempo della guerra, forse non tornerà più. E tutto il pane dei fornai di tutto il mondo, sciorinato, mentre è caldo, sullo stesso bancone, non manderà l'odore di una piccola ciambella che, al principio del secolo, gli bruciava il fianco dalla tasca del grembiule...

"Noi così, questa notte, vedremo il cielo!" E tossiva piano piano dentro la salvietta.

In quella casa, erano tutti magri e sottili: il figlio, che già dormiva con un visino di candela spenta; la moglie, che sparecchiava con le dita che parevano fili di paglia; e lui, l'astronomo, che si copriva il petto di giornali, e poi di lana, e, tossendo, diceva: "Bisogna che si faccia l'una per vederlo bene!"

Gli occhietti di quell'uomo, umidi di cielo notturno, mettevano un brivido di freddo.

"Andiamo: è l'ora!"

S'arrampicano dietro di lui, per una scala che puzza di topi e di tarli, e finalmente escono a lato di una cupola. "Ecco Marte!" dice il piccolo uomo, tossendo, e rigirando, nella cavità del cielo, la canna nera del telescopio. Pare che le stelle brusiscano come il mare pieno di schiume...

Ma cos'è, in fondo, il petto delle donne? Perché tante ore di discorsi su come è fatto, il suo colore, il suo tepore, duro, molle?... Ore che, sommate, formano giorni, mesi, e forse anni! Che razza di destino quello di dover parlare tanto di due ciottoli o ciambelline!... E quante volte il sangue è stato chiamato ad arrossare di sé immagini di donne nude!...

D'un tratto, un gesto molto delicato e leggero, come il colpo miracoloso di un'ala d'angelo su una parte malata, strappa Giovanni da queste immagini calde e rosse, ed egli rimane a guardarle, come un vecchio pino guarda, lontano da sé, le proprie radici disseppellite e tagliate. Una pace infinita s'è fatta fra lui e la donna, e un profumo sottile e morbido se ne spande vicino alla sua bocca, colpita dal respiro frequente di Ninetta.

Cos'è accaduto di nuovo?

Un colpo, come di clava, sbalza il carrello; e, con un grido selvaggio dei campanelli che, spremuti dalla velocità della macchina, emettono in due sole note tutto il motivo di "Un bel dì vedremo", Giovanni e Ninetta escono per la porta spalancata.

"Dio mio, che hai?" gli dice Panarini.

Giovanni, asciugandosi sul mento una lagrima fredda, che gli è scivolata dall'occhio che non piange, risponde: "Sono felice!"

"Quanto è fesso!..." esclama un giovanotto, che forse ha sentito.

Il cavaliere Percolla si volta con un terribile: "Chi?" negli occhi.

"...Il tempo!" conclude il giovanotto; e alza il viso come per dire: "Sono padrone o no d'insultare il tempo?"

"Ma cosa è accaduto?" domanda ancora Panarini.

Già: cosa è accaduto? Giovanni non lo sa bene. "Hai uno specchietto?" dice all'amico.

"Uno specchio?"

Giovanni vorrebbe guardarsi in viso per scoprire se Ninetta lo ha baciato veramente.

"Ho del rossetto?" dice a bassa voce.

"Rossetto?" fa l'amico, trasecolato. "E dove?"

"Sulla guancia, forse!"

Panarini gli poggia un dito sul mento e, arrovesciando il capo, lo osserva attentamente con gli occhi in giù, come un medico: "Non c'è nulla!"

"Dio mio, che abbia sognato?" pensa Giovanni.

Ma Ninetta lo chiama: egli si stacca dall'amico e si reca da lei. "Giovanni," gli mormora la ragazza, mettendogli una mano sul braccio, "cosa pensi?"

"Tu?... Tu!..."

Egli spinge Ninetta sotto la palma vicina, e, non credendo alla propria bocca, sentendosi mille volte morire e mille volte resuscitare, ripete quella parola che a lui sembra d'infinite sillabe: "Tu..."

IX

Fidanzati, dunque. Il padre di Ninetta era orribile quanto lei bella. Il giorno in cui il grosso marchese lo abbracciò e baciò sulla fronte, Giovanni sentì l'odore a-gro della bruttezza, e rimase con l'espressione di chi ha dei peli entro la bocca, e non riesce a scacciarli.

Ma le sere, in casa del suocero, erano straordinaria-mente piacevoli. Vicino alla finestra di marmo, con la lampada spenta e il cielo zeppo di stelle, Ninetta gli alzava la grossa mano, e dava un nome a ogni dito. Il nome delle sue libertà. "Tu non sarai come gli sciocchi di qui. Non mi farai il geloso! Voglio essere leale con te: io non avrò mai, mai un amante, ma desidero le mie libertà perché sono nata e cresciuta libera!"

Ed ecco! Pollice: libertà di uscir sola; indice: libertà di andare in montagna con gli sci; medio: libertà di fare un viaggio ogni anno; anulare: libertà di andare a cavallo; mignolo: libertà di disporre i mobili della casa secondo il proprio gusto, perché la regina della casa è la donna.

A Giovanni pareva che, con queste parole, la ragazza gli ficcasse in ogni dito, proprio sotto l'unghia, uno spillo con una bandierina. Ma non sentiva dolore: anzi il fatto che la sua mano si trovasse veramente fra quelle di lei, morbide e calde come le piume di un uccello, gli sapeva di miracolo. Dopo avergli nominato in tal modo le dita, Ninetta gliele stringeva forte, e se le poneva sotto il mento e sotto la bocca. Giovanni guardava davanti a sé la propria grossa mano e il viso mirabile di lei mescolati insieme in una immagine che pareva incarnare la perfetta Felicità.

Questo gioco della mano appassionava tanto Ninetta che talvolta, per la strada, gli prendeva il medio o l'indice, e, levandolo sino all'altezza degli occhi di lui, sussurrava: "E questo?"

Nei primi tempi, Giovanni non si mostrò molto bravo: confondeva la libertà del medio con quella del pollice, e non ricordava la libertà del mignolo. Ma in seguito, non sbagliò più. Medio? Libertà di fare un viaggio ogni anno.

Una sera, Ninetta si fece aspettare a lungo. Nella camera buia, poggiato il gomito sul davanzale di marmo, Giovanni conversava col suocero che riempiva la tenebra della sua enorme bruttezza.

Parlavano degli uomini in generale. "Ladri!" diceva il marchese. "Tutti ladri! Mi credi che non ho mai incontrato un galantuomo?"

"Io, per esempio, non ho rubato mai nulla!" faceva Giovanni.

"Non lo so!... Perdonami, caro: ma la vecchiaia mi rende così. Non credo più a nulla! Non hai rubato, tu dici... Ebbene, lo so io? Nessuno ti ha mai accusato, questo è certo! Ma lo so veramente se hai rubato? Ho avuto gli occhi nella punta delle tue dita?"

"Mi potete credere!"

"Non credo a nessuno, nemmeno a Nostro Signore!"

D'un tratto, arrivò Ninetta: era inquieta, agitata, parlava con tono di stizza, e volle subito che s'accendesse la lampada.

"Cosa c'è?" fece Giovanni.

"Nulla, mio caro!"

"Ma come? Non posso nemmeno sapere se sei scontenta a causa mia?"

"Caro!" disse ella, interrompendo, con un bel sorriso, la sua stizza. "Dammi la mano!... Non la destra: l'altra!" E abbassò la voce: "Pollice della sinistra: libertà di essere scontenta!... Me lo concedi?"

"Sì, ma con molto dispiacere, perché desidero che tu non sia mai scontenta!"

A cena, Ninetta non disse una parola, e toccò appena i cibi.

Finalmente sul tardi, mentre erano poggiati al davanzale di marmo, e le stelle correvano verso il nord, sulle terrazze, da una ringhiera all'altra, Ninetta spiegò le ragioni del suo malumore. Aveva incontrato l'amica Luisa Carnevale, che non vedeva da tre anni, dal giorno in cui s'era sposata. Dio, che viso! Quei tre anni se l'erano rosicchiata come i topi. Lei milanese, lui palermitano!... In verità, avevano anch'essi, durante il fidanzamento, scritto una carta con dieci libertà per lei. Il numero uno le permetteva di andare a teatro sola, quand'egli era assente da Catania; e il numero dieci di accettare da un amico comune l'aperitivo nella dolceria principale ("non certo in un caffè fuori mano"). C'erano anche per Luisa le libertà di andare a cavallo e di correre sulla neve... Egli s'era mostrato un angelo durante il fidanzamento, e aveva firmato tante volte quel foglio che le dieci convenzioni apparivano in mezzo a una nuvola di nomi, date e cuori attraversati da una freccia. Ma dopo il matrimonio, un'espressione sguaiata e cattiva si collocò sul viso di lui: cominciò a imporre le sue leggi di antico siciliano; le più nere e terribili. La chiuse a chiave. (Ninetta singhiozzava: "A chiave!") E quando Luisa gli mostrava la carta firmata da lui tante volte, il marito, con rozzezza degna della frusta, rideva dentro il muso, e diceva: "Libertà di andare sugli sci? Ecco gli sci! Vacci!" E indicava la scopa. Un cuore infernale! Giunse fino alla volgarità di dire a una ragazza come Luisa, educata in Isvizzera insieme alla principessa del Belgio: "Libertà di andare a cavallo? Vieni pure: ecco il tuo cavallo, cara!" E seduto com'era, in mutande, alzava e abbassava le ginocchia strette, come si fa coi bambini.

Giovanni si mise a ridere, con la sua grossa e buona risata: "Oh, io non sarò così, mi puoi credere!"

Poiché erano al buio, Ninetta andò a girare il tasto della luce per guardarlo in viso: temeva forse di trovargli quell'espressione "sguaiata e cattiva", di cui Luisa aveva parlato tremando come una foglia: vi trovò invece una tale bontà e mansuetudine, una tale abbondante serie di *sì,* da sgranocchiare per tutti gli anni avvenire, che aprì le braccia dalla gioia e gliele strinse intorno al collo.

Da quella sera, bisognò che anche la mano sinistra di Giovanni ricevesse in tutte le sue dita i nomi di altre libertà: ma si trattava di piccole concessioni come quella di abbonarsi a una rivista di mode svizzera, o di usare i profumi di Elizabeth Arden.

Giovanni compì un nuovo sforzo di memoria, aiutandosi con un bigliettino che leggeva di nascosto dalla fidanzata, e in cui eran disegnate le proprie dita con le libertà corrispondenti.

Ma, in fondo, che importavano questi leggeri fastidi, al paragone della felicità che ne riceveva in cambio? Tutte le più fresche ore della sua vita gli erano presenti, specie quelle dei mattini del '906 e '907. La natura, vista alla prim'alba, nel finestrino della diligenza, con gli alberi turchini sul cielo rosso, l'erba che usciva dalla rugiada e le pecore dai lavatoi, si sostituiva continuamente a quella che, in realtà, aveva intorno. Gli tenevano compagnia i canti dei galli, i gorgheggi dei rosignoli, i suoni di campanelli, ma ardenti e furiosi di vita come quando colpivano il suo orecchio di seienne. I muli, di notte, trainando i loro carri verso la campagna, tornavano a guardare davanti a sé con l'occhio che illumina le cose a guisa di lanterna. E poi!... La pace, che s'era stabilita fra Giovanni e le donne fin da quando Ninetta gli aveva preso la mano nella Casa degli Spettri, continuava in una forma più alta. Il viso di Ninetta, malinconico, dolce e imperioso, vegliava, in nome della Donna, sui pensieri di Giovanni, e impediva loro d'intorbidarsi. Pareva, infatti, che un muto rimprovero errasse in fondo a quegli occhi, come il tuono al di là dell'orizzonte, nelle sere d'ottobre; pronto, questo rimprovero, a venire avanti e scoppiare, se Giovanni fosse tornato, sia pure per un minuto, alle sue fantasie sull'anello di Angelica, che permette di entrare non visti nella camera della timida e ignara Agatina, o sulla vecchia scena, tante volte ripetuta nel pensiero, dello sconosciuto in abito da marinaio, coi pantaloni gonfi di carne, e che poi si rivela per una donna.

Il quartiere delle case da tè, che levava, al di sopra dei tetti, le sue persiane incatenate, a poca distanza dalla casa paterna di Giovanni; il quartiere su cui tante volte, prima di chiudere il balcone e andare a letto, egli aveva gettato uno sguardo bieco e sospiroso, osservando come da quelle mura si partisse una nebbia grave, quasi di palude, ma più viva e animale, come il fiato di una mandria, e avvolgesse nel suo velo fitto la costellazione di Perseo e dei Gemelli; il quartiere, in cui, passando di corsa per l'unico piacere di passarvi, se si udiva uno scoppio di risa misto di tosse, se ne rimaneva zuppi dai piè alla testa, come per aver ricevuto addosso un secchio d'acqua; quel quartiere era ormai abitato per Giovanni, da esseri mostruosi e inutili. Una delle paure, che lo avvicinavano maggiormente allo stato di bambino, era quella che un bel giorno le orme lasciate dai suoi passi durante la vita diventassero fosforescenti, e catene su catene di pedate luminose lo legassero, in modo chiaro a tutti, alle viuzze e ai portoncini bassi del quartiere famigerato.

Per fortuna, abitava ancora a Cibali, nell'aria del mare e dei giardinetti di limoni. Barbara gli aveva mandato inutilmente un bigliettino scritto a matita: "Torna nella casa di tuo padre!"

"Oramai quello ch'è fatto è fatto!" aveva risposto Giovanni.

Ma questo suo modo di comportarsi (caso straordinario) non piacque a Ninetta. "Io desidero," disse la ragazza, "desidero conoscere le mie cognate! Ho saputo che sono tanto brave."

"Sì," mormorò Giovanni, "sono brave, ma la nostra casa, un po' all'antica..."

"Che vuol dire? Le case non devono essere per forza moderne: basta che siano pulite!"

"È quello che io dico!" pensò Giovanni, rivedendo, con la mente, uno dopo l'altro, tutti i barattoli, le scatole vuote e le boccette di cui erano ingombri gli armadi e i tavolini della casa paterna. "Si può dire ch'è sporca?" continuò a pensare. "No, non si può dire. Ma si vede un'indifferenza verso le cose vecchie e da rimuovere che somiglia all'incuria e alla sporcizia!"

Comunque, fu necessario avvertire Barbara che l'indomani sarebbe venuto con la fidanzata.

"E anche col padre, col marchese!" disse Lucia. "Non potranno certo venir soli, due fidanzati!... Anche col marchese!"

A quella parola nobiliare, la confusione nella casa cresceva, e tutte, aggirandosi quali gatti impauriti, cadevano in certi passi sempre evitati per l'innanzi che le portavano su talune mattonelle spiccicate del pavimento, per cui gli armadi e le consolle trasalivano anch'essi, come di paura: "Col marchese!"

Per la grande emozione, dopo una serie interminabile di prove e controprove sul modo di aprire la porta, la vecchia cameriera ebbe un capogiro che la mandò a testa giù sul tappeto.

"Ha la febbre, Dio mio, ha la febbre!" disse Rosa, dopo aver tastato la fronte della vecchia rinvenuta a metà. "Bisogna metterla a letto!"

E infatti, sostenuta dalle tre sorelle, la donna fu portata nel suo camerino e sdraiata sul materasso di crine.

L'indomani, Giovanni e Ninetta, entrando quasi accecati, nel corridoio buio, videro una figura con le coperte del letto sulle spalle. "È la cameriera!" spiegò Lucia; e aggiunse, nell'orecchio del fratello: "Sta male; si alza ogni momento... perché sta molto male!"

"E il marchese?" domandò Barbara, guardando nella scala buia.

"Papà non è potuto venire!" disse Ninetta. "Si scusa tanto!"

"Siete soli?" fece Barbara, sempre indecisa a richiudere la porta.

"Sì, sì," rispose in fretta Giovanni. "Andiamo nel salotto."

Tutte le lampade della casa erano state riunite nel salotto, ove gli occhi non trovavano alcuna cosa che non fosse accecante. Pareva di stare in una bottiglia piena di fiammelle.

"Spegniamo queste!" disse Giovanni, riportando il buio in tutta una fila di vetri.

Ninetta sedeva sul divano basso, e le tre sorelle, in cerchio davanti a lei, su tre altre sedie imbottite. Dicevano poche parole e la fissavano in silenzio. Giovanni, in piedi, si ficcava, pur non sapendo darsi ragione di questo disagio, le unghie nella palma. Gli pareva che, dagli occhi delle tre donne, si affacciassero i più vecchi e tristi animali domestici: gatti privi di forza, topi di dispense ammuffite, mosche d'inverno, e guardassero Ninetta con uno sguardo stanco e senz'affetto. Sentiva poi l'odore stantio del proprio sonno, dormito a pomeriggi interi, nella camera accanto, e notava un'infinità di minuzie fuori posto che gli mandavano al viso vampate subitanee. Seguiva poi con l'orecchio il passo lontano e strascicato della serva che giungeva lentamente a una porticina, nel fondo del corridoio... Ecco d'un tratto, impercettibile forse, ma per lui vicinissimo, come se gli oggetti da cui proveniva gli strisciassero sull'orecchio, il rumore della catenella e dell'acqua che si rovescia. Guarda Ninetta per accertarsi se la spregevole scena, ch'è legata a quel rumore, sia apparsa per un attimo anche a lei. Ma nel piccolo viso di Ninetta la Bellezza è diventata così profonda e misericordiosa, che se il topo più mostruoso o il secchio più ignobile venisse a rotolare sul tappeto logoro, ai piedi di lei, sarebbe compreso, compatito e perdonato fino a liquefarsi e sparire. Del resto, è arrivato il momento di andar via, e tutti si sono alzati.

Barbara chiama in un'altra camera Giovanni: "Fratello mio, sentiamo la tua mancanza!... Ma non è per questo che ti ho chiamato. Per quanto vuoi bene alla salute, ascoltami: non è giusto che andiate soli, tu e lei! La gente ha la lingua lunga. La portinaia mi ha detto: 'Può essere che la fidanzata sia ancora signorina, se vanno soli per le strade?' Ora perché dovete prendervi queste male fame?"

"Mio Dio, Barbara!" fece Giovanni, e uscì con violenza dalla camera.

"Si va, caro?" disse Ninetta, infilando i guanti.

"Subito!"

Dalla strada, voltandosi verso il balcone, i due fidanzati videro le sorelle alla ringhiera, l'una dietro l'altra, strette, come cerbiatti su una trave che stia per rovinare entro un fiume in piena. Un lunghissimo lenzuolo, pendente dal piano di sopra, si agitava sulle tre donne, lambendone quasi le teste.

X

La stanza di soggiorno di casa Marconella fu ideal-
mente divisa dai fidanzati in tre punti: *A, B, C.* Nel
primo, c'era un sediolone; nel secondo, alcune sedie di
vimini e un tavolinetto; nel terzo, quattro poltrone, un
falso camino, e un tavolo per fumatori.

Nel punto *A,* Giovanni passò lunghe ore deliziose,
guardando la luce del giorno, che pioveva dalla vicina
finestra, mutare sui capelli di Ninetta. Nel punto *B,* la
sua vita non fu meno felice; ma talvolta gli toccò di
sopportare i discorsi del marchese, che riempiva del
"proprio io", come egli stesso soleva dire, ma di un io
gigantesco, flaccido, di burro, la sedia più grande. In
ottobre, da Siena giunse la suocera, una graziosa donna,
che andava avanti a colpi secchi e forti della sua testina
bionda, grigia e sorridente. La suocera prese posto nel
punto *C,* e, siccome le piaceva molto trattare le cose
come se fossero diverse da quelle che erano, metteva le
mani nel falso camino fingendo di riscaldarsi e chiamava
sulle sue ginocchia, come si chiama un cane, il piccolo
cuscino collocato nella sedia accanto. "Che felicità, spo-
sare un vero siciliano!" diceva alla figlia. "A me, ne è
toccato uno falso! Non ricordo un solo momento di gelosia, da parte sua!"

"Mamma, che vai dicendo?" gridava stizzita Ninetta. "Papà non può essere siciliano, se è nato a Perugia, e suo padre è nato a Venezia!"

"Ma a me disse, in verità, che aveva sangue siciliano nelle vene... almeno da parte della madre... Poi, non ricordo più: son cose di tanti anni fa! Ma, Dio mio, avrebbe potuto essere un po' geloso! Io non sono buona a fare ingelosire un uomo!... Però a lui, chi glielo impediva di essere un po' geloso?"

Ninetta, più che mai infastidita da tali discorsi, temendo che il fidanzato si mettesse su una cattiva strada, gli stringeva con le unghie la mano, quella grossa e brava mano, in cui erano scritte le prime cinque libertà. "Uhrrrr!" faceva il marchese, svegliandosi, e issando fuori del confuso mucchio del proprio corpo la testa orribile e buona, coi sopraccigli detestabili e mansueti.

Una sera ch'egli dormiva con la testa quasi mescolata al petto, mentre il respiro affannoso gonfiava, una dopo l'altra, quattro o cinque sfere di carne confusamente coperte di un vestito d'uomo, la moglie, guardando con tenerezza, sospirò: "Il marito!"

Ninetta si volse, aspettando con trepidazione un discorso poco opportuno.

"Il marito!" continuò quella graziosa vecchia. "Cos'è? Io mi domando, dopo trent'anni: cos'è? I figli, il padre e la madre sono lo stesso tuo sangue! Ma il marito? Com'è strano, certe volte, pensare cos'è il marito! E tuttavia gli si vuole tanto bene!"

E ch'ella gli volesse bene, appariva chiaramente dallo sguardo affettuoso, furbo e gentile che si dirigeva dai suoi occhi su quella poltrona ingombra di carne umana.

Giovanni era felice: buon sangue non mente; se vuoi capire la figlia, guarda la madre! E se la madre era capace di mandare uno sguardo così vivamente affettuoso su un uomo come il marchese, egli, Giovanni, che al confronto del marchese era un Apollo, avrebbe potuto ingrassare, imbruttire e perdere i capelli tranquillamente sotto gli occhi di Ninetta! Ne avrebbe sempre ricevuto uno sguardo pieno d'affetto. Che gente fine, santo cielo! E come rimanevano graziose le donne, in quella famiglia! La marchesa portava i suoi parecchi anni sul viso come una giovane veneziana porta una mascherina. Gli veniva voglia di buttarsi a faccia per terra e ringraziare Dio misericordioso!

Come, del resto, faceva il suo cameriere, nella casa di Cibali. Il vecchio Paolo aveva subito un nuovo colpo sul timone delle proprie abitudini, ma sempre in direzione opposta al lavoro e alla solerzia. Il parroco di Cibali era riuscito a farlo confessare, e a strappargli di bocca tutte le parolacce di cui era piena la sua vita. "Io non insulto nessuna creatura di Dio, padre!" aveva detto il servitore, inginocchiato fra l'odore delle vecchie salse che esalava da tutte le macchie del suo giubbone. "È una creatura di Dio la padella, o la teiera?"

Il sacerdote aveva spiegato che l'odio, ovunque indirizzato, offende sempre l'anima che lo accoglie; che anche le cose inanimate sono figlie del Signore; e che le parolacce vengono registrate nel libro del cielo, e saranno rinfacciate nel giorno del Giudizio, anche se le suppellettili, a cui sono state rivolte, non saranno presenti nella valle di Josafat.

Il vecchio uscì con le mani ficcate nei capelli: doveva ripetere, per penitenza, cento *Pater Noster*, cinquanta *Credo* e quaranta *Ave Maria*. Ma egli ne ripeté un numero infinito. Dal giorno della confessione, qualunque pretesto fu buono per inginocchiarsi e scandire preghiere a fior di labbra. Se cadeva a terra una spazzola, egli la raccattava in ginocchio, e si faceva dieci volte il segno della croce prima di rialzarsi; se passava accanto a un'immagine sacra, vi lasciava la mano sui piedi, per qualche minuto, e poi la portava alle labbra, baciandosi la punta delle dita nove volte. Siccome il parroco non aveva toccato l'argomento della pulizia, egli era rimasto sporco, e le immagini sacre portavano tutte la traccia delle sue dita, mentre egli stesso portava sulla fronte, in nero di vernice o in un unto d'olio, il primo dei tre nomi della croce. La sua lentezza nel servire crebbe a dismisura. Riconciliatosi col gatto d'Angora, che la mattina gli saltava sul letto e gli si rincantucciava sotto la schiena, egli non osava alzarsi finché la piccola bestia tenesse gli occhi chiusi, per non interromperne il sonno. "Nun mi pozzu tuculiari!" rispondeva al suo padrone che suonava furiosamente.

"Meno male," gridava Giovanni, dalla sua camera, "che codesto spasso ti sta per finire!" (Alludeva alla circostanza che si sarebbe fra poco sposato.)

Infatti, coll'entrare della primavera, il mese di giugno, nel quale erano fissate le nozze, si profilava sempre più vicino. A mano a mano che s'approssimava il giorno stabilito, Giovanni diventava più felice, debole e pauroso, mentre Ninetta (e questo fu una vera fortuna) diventava un diavolo di energia e di prontezza. Con lettere, telegrammi, telefonate, chiedendogli ogni momento se approvasse, e rispondendo egli sì senza capire bene che cosa avesse approvato, ai primi di maggio Ninetta riuscì a stabilire che egli sarebbe entrato in una società anonima per la manifattura dei tessuti, e fece ella stessa una corsa nella lontana città del Nord, per dare gli ultimi tocchi alla casa in cui avrebbe abitato col marito, e che una zia aveva già preparato accuratamente.

"È un nido!" ripeté, quando fu tornata. "È un nido!"

Giovanni non riuscì ad avere alcuna notizia sul numero delle stanze, la forma dei mobili, e il colore delle pareti: tutto questo insieme di minuzie costituiva la sorpresa che Ninetta avrebbe fatto al marito.

Giovanni, in questa occasione, ricordò il tempo della prima fanciullezza, quando, nel giorno di Ognissanti, alle sue domande sui giocattoli che i morti gli avrebbero fatto trovare l'indomani sotto il letto, entro le scarpe e nel pitalino, la madre rispondeva: "Domani lo saprai!"

e i suoi occhi s'inumidirono. Quando pensava alla madre, era preso da una tenerezza così struggente e paterna che non poteva più parlare. Ricordava quella ragazza morta a ventiquattro anni, in un'età molto più giovane della sua di ora, e anche dell'età che aveva Ninetta; quella ragazza che, all'alba del giorno dei morti, si divertiva a giocare con le palle, le bambole e i fucili, trovati dai figli, più dei figli stessi; e nella emozione di dovere ancora chiamare mamà quell'immagine giovanile, birichina e ridente, balbettava parole filiali e paterne insieme.

Intanto, si era a maggio, e bisognava passeggiare per le strade.

I due fidanzati andavano spesso soli per il corso, ma talvolta li seguivano il marchese e la moglie, l'uno raggiungendoli e sorpassandoli con la sua ombra smisurata, l'altra col suo continuo chiacchierio nel quale il palazzo delle poste veniva chiamato la reggia, il giardino pubblico l'orto botanico, e il marito "mio capitano della guardia."

Giovanni non si divertiva per nulla in queste passeggiate, che gli lasciavano per una settimana la lingua amara. I gruppi fermi parlavano visibilmente della Donna; le facce rosse e strette, quasi tempia contro tempia, intorno al narratore, dichiaravano apertamente qual era l'argomento del discorso. E poi, "santi cristiani!" perché non uscivano con le mani cucite nelle tasche? Ogni volta che le alzavano in aria, vi lasciavano forme carnose, tumefatte, inguardabili di petti, schiene e altre parti del corpo della donna.

"Come non si vergognano?" pensava Giovanni. "Avvocati di grido, medici?"

Il diavolo ci metteva poi la coda, in queste faccende; si arrivava sempre vicino a quei gruppi giusto quando il narratore pronunciava la sua parola più scabrosa, che schizzava come una sassata in piena faccia.

E tuttavia non era questo che faceva soffrire di più Giovanni: le parole sono parole, e, pronunciate in siciliano, riuscivano forse incomprensibili a Ninetta. Ma gli sguardi di quegli uomini, pesanti, striscianti, viscidi, infuocati, tortuosi, in mezzo ai quali si camminava come entro una selva di bisce, gli davano capogiri di collera. Sapeva bene, il nostro Giovanni, che volessero dire quegli occhi, e i sorrisi che balenavano subito repressi, e gl'indici sospesi a indicare questa o quella parte di Ninetta, e abbassati con un pugno dall'amico che avvertiva di "badare a lui!" Sapeva, infine, che, al loro passaggio e a quegli sguardi, seguivano i discorsi sulla ragazza, su quel "pezzo di tuma", e gli *uhuh!*, i gemiti, le gomitate, e l'appartarsi del più focoso della comitiva per smettere un minuto di pensare al turbante argomento e calmarsi.

Lo aveva preso anche un sentimento ch'era più d'invidia che di gelosia. Ricordava, con abbastanza precisione, che ai tempi del suo pieno celibato aveva ricevuto, dalle donne guardate e rimuginate nella memoria, qualcosa di più che non ricevesse ora dalla fidanzata Ninetta: un miele più saporoso e cupo, un pasto più abbondante per i sensi. Avrebbe voluto dunque che, oltre a camminare vicino a Ninetta, stringendole piano la punta delle dita, potesse trapassarla con mille sguardi, trovandosi egli seduto a mille tavoli di caffè a roteare duemila occhi cupidi. Perché, in verità, quanto ai sensi, ciò che avveniva non era chiaro, era anzi un po' singolare e misterioso: i sensi non si muovevano molto!

"Che vuol dire?" si domandava la notte, mettendo un passo dietro l'altro nella strada di Cibali.

Ma una sera, mentre, dal paralume giallo, filtrava sulle mani di Ninetta una luce che ne metteva in una singolare evidenza il fatto ch'erano di carne, d'un tratto il pensiero che anche Ninetta era una donna lo toccò in un modo così strano e vivo ch'egli smise di guardare negli occhi la fidanzata e posò sulle proprie dita la fronte che gli doleva. Poco dopo, accusando un malessere del quale non si rendeva ragione, si licenziò da Ninetta e tornò nella casa di Cibali in preda a un turbamento molto più grave di quando domandava ai propri sensi torpidi: "Che vuol dire?"

Alcuni discorsi di amici già sposati, sulla misteriosa gravità del momento in cui la porta si chiude per la prima volta sui due sposi, e la paura che infonde la paura di lei, finirono di turbarlo. Giovanni avvolgeva di uno sguardo penoso e interrogativo la figura calma e quieta di Ninetta, e più calma e gentile ella era, e più gli faceva paura.

XI

La mattina delle nozze, Giovanni aveva una faccia gonfia e chiazzata: al maledetto specchio volse le spalle, e chiese a Barbara, che piangeva come una bambina, di annodargli la cravatta.

"Mio caro Giovannino, mio caro Giovannino!" ripeteva Barbara, facendo e disfacendo e rifacendo il nodo della cravatta. Il servitore gli mise in tasca un abitino della Madonna, e gli porse, da baciare sulla testa, il gatto d'Angora. Finalmente apparve un vecchio, rigirando il berretto fra le mani, il quale annunziò: "La carrozza è pronta!"

Giovanni partì, con un mazzo di rose sulle ginocchia.

"Non mi piaci!" gli disse Muscarà, che lo aspettava fra gl'invitati, davanti al cancello della Collegiata. "Che hai?"

"Nulla!" mormorò Giovanni, salendo piano piano la scalinata dalla parte del tappeto, e collocandosi, col suo grosso mazzo di fiori, vicino al portale.

La chiesetta era piena di amici in tait e di curiosi. La suocera gli buttò le braccia al collo: "Questa cattedrale è meravigliosa!"

"Ma non è la cattedrale, mamma!" spiccicò egli, con un falso sorriso. Era costretto a confessare a se stesso che, sebbene facesse tutto quello ch'era necessario alla sua felicità, e senza di che sarebbe stato il più cupo e disperato degli uomini, tuttavia quel giorno, il più bello della vita, non poteva dirsi felice. Per giunta, la mattinata estiva non era serena: caso straordinario in giugno, un vento forte e carico di sabbia apriva come vele le lenzuola nei terrazzini, e faceva cigolare le persiane. Le palme dei vasi, disposti ai due lati del tappeto, si torcevano fino a terra e si raddrizzavano schioccando come fruste.

"Vieni dentro!" disse la suocera, uscita una seconda volta sul sagrato.

Giovanni entrò nella piccola chiesa parata di rosso e oro, e si sentì baciare da mille parti, mentre Scannapieco gli stringeva in tal modo la mano da tirargli fuori il guanto bianco.

I catanesi hanno la brutta abitudine di parlare a voce alta: si distingueva la voce del cavaliere Giardini che parlava delle sue nozze: "Ci sposammo nella chiesa qui accanto, senza tutte queste storie!"

"Dove, qui accanto?" diceva Scannapieco.

"Qui a destra!"

"E c'è una chiesa, qui a destra?"

"Oh, Madonna benedetta, non c'è una chiesa qui a destra? E dove l'hanno ammazzato il Pizzaro?"

D'un tratto, arrivò il paggetto singhiozzando e premendosi l'occhio sinistro con ambo le mani: il vento lo aveva accecato.

"Ma Ninetta perché si fa tanto aspettare?" ripeteva la marchesa, togliendo, con la punta di un fazzoletto di seta, il filo di paglia dall'occhio del paggetto. "Che fa?"

"Eccola!" disse una voce.

Tutti chiusero la bocca, e si sentì suonare vivamente una tromba d'automobile. Voci, dal sagrato, ripeterono: "La sposa!"

Giovanni si recò fuori pesantemente, urtato sul fianco dal fotografo che stava quasi per ribaltarlo, nella sua foga di pararglisi davanti con la macchina.

Finalmente si parlò di bellezza. S'intesero alcune brave persone: "È meravigliosa! È bellissima! Che occhi!... Cinquemila lire d'abito!" Uno, più fine, disse: "È vestita di luce!"

Giovanni, tenendosi giù la coda della giacca, che tentava di salirgli davanti agli occhi, offrì il mazzo di fiori alla sposa ed entrò dopo di lei che scivolava, silenziosa e timida, al braccio del padre tentennante come un bue. Così, offrendo il proprio braccio alla suocera, egli salì i gradini del coro, e poco dopo, non credendo a nessuna delle proprie sensazioni, nemmeno a quella, molto vivace, che gli dava un ago rimasto impigliato nel pantalone a righe, Giovanni poggiò le ginocchia sul cuscino di velluto, accanto a Ninetta che mandava dai veli, a ogni piccolo gesto, il rumore di una foglia d'albero, davanti al sacerdote con la stola dorata, ai piedi dell'altare maggiore formicolante di luci; mentre l'organo, dietro il tabernacolo, intonava l'*Ave Maria* di Schubert, e le voci delle orfanelle incontravano, nel salire verso il soffitto, i raggi di sole che dalle torbide vetrate scendevano sempre più larghi e dipinti di angeli.

A questo punto, si vide che Giovanni (senza che alcuno, nemmeno lui, lo sapesse) era stato amato lungamente da una vicina di casa, una quarantenne di mezza taglia con l'occhio destro bianco, la quale, in piedi presso l'altare di santa Barbara, scoppiò in un pianto così dirotto che lo stesso sacerdote officiante rivolse da quella parte uno sguardo fermo e severo. Ma la donna non poteva tenersi, né poteva impedire che i suoi singhiozzi dicessero a tutti ch'ella desiderava ardentemente di trovarsi, col velo bianco, al posto della sposa. Fu necessario condurla in sagrestia, e farle bere una tazza di cioccolata.

Un'altra scena penosa, la offrì il vecchio colonnello Motta, dal quale tutti si aspettavano un bel grido: "Evviva gli sposi!" perché era stato sempre lui a gridare con voce tonante, al teatro comunale, durante le recite in onore della Cavalleria o dell'Artiglieria: "Tutti in piedi! Viva la gloriosa nostra Artiglieria!" e invece anche lui si mise a piangere lacrime silenziose, visibilmente di vecchio scapolo impaurito di dover morire solo nel lettino di ferro.

Dopo la messa, il sacerdote fece la predica. Quest'uomo, ch'era parso mite, e aveva offerto l'ostia consacrata con uno sguardo luccicante di lacrime, cadde in preda alla collera. "Professore!" gridava a Giovanni, stringendo i pugni. "Bada! Questa è la compagna della tua vita! In guerra, i soldati, prima di uscire dalla trincea, mi venivano a dire: 'Mia moglie è buona! Mia moglie è bella! Mia moglie è santa!' Ecco cosa mi dicevano i soldati, prima di affrontare la morte! Bada, professore!..." Il vecchio, mentre andava su e giù per il gradino dell'altare, sempre coi pugni stretti e vibranti di collera, disse centinaia di "bada!" continuando a chiamare Giovanni Percolla professore. Finalmente, come un sole che sfondi la più nera delle nuvole, il sorriso ruppe da quel viso contratto dall'ira, e un'espressione mansueta, dolce, infantile, andò a posarsi su quella bocca che aveva tanto gridato. "Andate, cari! Andate, sposi novelli!"

Tutta la folla respirò e aprì, intorno al tappeto vermiglio, un passaggio per gli sposi.

Dobbiamo ancora una volta notare che i bravi catanesi hanno la brutta abitudine di parlare a voce alta. Fra i "Bella! Deliziosa! Elegante! Che amore!" degli amici, Giovanni distinse alcune voci di sconosciuti: "Non mi piace lui, nella faccia!"

"Questo qui, compare, non ce la fa!"

"Ma se è un gigante?"

"Eh, a questi tipi grassi gli viene tutto di salita!"

Fuori della chiesa, in cima alla scalinata, i due sposi dovettero fermarsi. Sull'ultimo gradino, sotto di loro, si vedeva accoccolato un uomo dietro una macchina sostenuta da un treppiedi. "Un minuto!" disse costui, con la testa dentro un incerato nero.

La macchina scattò nel momento in cui un colpo di vento riaccecava il paggetto e alzava in aria il velo della sposa, e i capelli e le code di tutti. "Basta!" rantolò Giovanni nella strozza. "Andiamo."

Dopo il ricevimento in casa dei suoceri, mentre le serve si lamentavano che la folla degl'invitati non avesse lasciato un solo dolce per i loro bambini, e li denunziavano a uno a uno, compreso il presidente del Tribunale, che aveva messo un biscotto nel borsellino, in mezzo alle monete di rame, Barbara si attaccò al bavero di Giovanni e gli respirò nel viso: "Non ci andare a Milano, fratello mio! Quella nebbia e quel freddo non ti faranno bene! Tu sei un tipo reumatico!"

Giovanni borbottò due parole incomprensibili, e tornò a Ninetta, che già infilava i guanti da viaggio. Bisognava partire!

E infatti, un'ora dopo, egli si trovava a considerare con stupore la bellissima ragazza che gli sedeva accanto nella cabina del vagoneletto, la porta socchiusa, e la circostanza, tanto temuta e finalmente arrivata, che erano soli.

Ma la Provvidenza è infinita: la giornata delle nozze fu l'ultima in cui la vecchia timidezza, la pigrizia e la difficoltà di fare una cosa lungamente covata nella mente, mettessero Giovanni nella condizione di soffrire quando invece avrebbe dovuto essere felice. Una nuova vita era cominciata per lui, come spesso ripeteva Ninetta.

A Taormina, dove sostarono due settimane, Giovanni ebbe spesso occasione di pensare, con un sorriso, e un benevolo: "Canaglie!" ai discorsi che gli avevano tenuto gli amici già sposati. "Questo era?"

Un brivido di contentezza, un *uhuuu!* chioccio chioccio gli vibrava nella gola, quando pensava a se stesso, le rare volte che camminava solo per le viuzze di Taormina. In fondo, mentre le piccole infelicità era in grado di superarle come tutti gli altri, la felicità gli apparteneva in un modo estremo. A sentir lui, si comportava come gli uomini in genere, ma godeva in segreto come un piccolo dio.

Ogni volta che, scesa una viuzza, arrivavano a una ringhiera di ferro o di legno, dopo la quale non c'era più terra, ma un quadro di migliaia di onde che scivolavano senza rumore, coprendosi di schiume bianche, verdi, rosa, Ninetta gli cercava la mano nella tasca del soprabito, e ficcando le piccole unghie nella palma di lui, faceva intendere che non trovava una parola atta ad esprimere i suoi sentimenti. Finalmente diceva: "Senza di te, come farei?"

Giovanni si rannuvolava in viso: adorava la moglie, ma era superstizioso come un bambino, e di morte non voleva sentir parlare nemmeno per ischerzo: "Che c'entra questo, ora?" brontolava.

E poiché ogni volta che vedevano quel mare più grande della terra, fatto di centinaia di fiumi silenziosi e di colore diverso, Ninetta o ripeteva quella frase sciagurata o lo guardava in silenzio con gli occhi umidi, e lo baciava piano sulla fronte come uno che riposi pesantemente, Giovanni disse: "Andiamo via di qui, che vengono cattivi pensieri! E noi invece siamo giovani, almeno tu più di me" e qui di nuovo si rannuvolava, "e siamo felici!"

E una sera di domenica, mentre la stazioncina era piena di scapoli di Catania, che aspettavano accigliati e scontenti, col cappello sugli occhi e le mani in tasca, il treno del ritorno, Giovanni e Ninetta partirono verso il Nord.

Una sosta a Napoli; una, più lunga, a Roma; ed ecco l'estate piena, ecco il tempo in cui i giovani partivano da Catania per Abbazia.

Giovanni ripassò, con la sposa, sulle proprie orme di scapolo; gli parve di ritrovare a Viareggio le fosse che aveva scavato nella sabbia, quando, steso bocconi, contemplava per ore ed ore i piedi nudi di una ragazza. Protetto dalla compagnia della moglie, come uno che na-

vighi, in un bastimento sicuro, il lago nel quale stava
per annegare, egli ripercorreva i luoghi della propria solitudine: qui aveva sbadigliato, e risentiva quasi nell'a-
ria la soavità del suo vecchio sbadiglio; qui aveva finto
di leggere un libro; e qui aveva trascorso mezza giornata, pensando sempre: "Le parlo? Questa volta, quanto
è vero Dio, attracco!" E nondimeno non trovava alcuna
malinconia in questi ricordi: anzi, perché non dirlo? gli
sembrava che della Donna ce ne fosse più in quei ricordi che nella sua felicità presente. Da che ne aveva una
al fianco, la Donna pesava molto di meno nella sua vita. Ninetta era venuta a liberarlo di alcune schiavitù nei
riguardi dell'altro sesso: ma questa sua libertà (diciamo-
lo senza fare alcun torto al suo amore per la sposa, che
cresceva a dismisura, mescolandosi anche alla gelosia) cominciava a dispiacergli.

Rimpianto della Donna, amore per Ninetta e gelosia
erano al loro colmo nel petto di Giovanni quando, verso la fine di agosto, i due sposi giunsero ad Abbazia.

Spesso, al mattino, uscendo dall'aroma leggero dei baci di Ninetta, da tutto quello che avevano d'indistinto,
irreale, candido, i rapporti con lei, egli volgeva le spalle
alla moglie, e cedeva all'ondata torbida che, abituata da
tanti anni a salirgli in testa, e in tanti giorni di
fidanzamento e amore puro respinta indietro, diventava
ora irresistibile. Così voltato, mentre il tenero rumore
di un respiro animava l'altro cuscino, Giovanni ripensa-
va alla Donna. "Che fai?" gli disse, un mattino, Ninetta. "Cosa guardi dall'altra parte?" E rigirandogli per i
capelli la testa, gli vide negli occhi un colore strano,
profondo e palpitante, come quello della paura negli occhi di un coniglio acchiappato dopo un lungo insegui-
mento.

E frattanto il suo amore per Ninetta non conosceva
più limiti, involgendo dentro di sé tutte le altre tenerez-
ze, simpatie e affetti, dalla sua tenerezza per il gatto
d'Angora alla sua simpatia per le persone col naso in

su, all'affetto per la giovane madre. Qualunque cosa gli avesse fatto piacere, nel corso della vita, e messo negli occhi un'espressione gaia, si ritrovava in Ninetta. Diremo, per tutti, un particolare assai futile: da bambino, egli era andato in visibilio per il rumore dei fiammiferi strofinati inutilmente sopra il ferro umido dei fornelli. Ebbene, Ninetta, passandosi la mano sui capelli, produceva un rumore simile.

Quanto alla gelosia, in verità, non ne aveva sofferto minimamente fino che, una sera, a Viareggio, tornando al banco di un caffè, presso il quale aveva lasciato la moglie, sorprese due siciliani con gli occhi e i musi rivolti ai fianchi di lei, che borbottavano, sicuri di non essere capiti: "No, chista megghiu è! No, questa è meglio!"

"Forse, la Salnitro è un po' più magra, ma le cosce!..."

"E guarda le cosce di questa, scemo! Guarda asino! Uhuu!"

Una vampata di collera gli era salita fino ai capelli. "Siciliani, niente!" disse fra sé.

I continentali, come egli chiamava tutti coloro che non erano siciliani, avevano, nei loro modi, negli occhi, nella voce, una fiamma che non bruciava. Una simpatia, sia pure estrema, che si rivolgesse a Ninetta attraverso quei modi, quegli occhi, quella voce, non lo avrebbe fatto trasalire.

"Coi siciliani, no!" disse alla moglie, appena furono ad Abbazia.

"Che cosa, no!" fece la moglie, aggrottando le ciglia.

"Insomma, dico no per pregarti di non ballare coi siciliani, e di non rivolgergli la parola!"

Ella gli prese, dalla mano destra, il dito al quale era legata una sua libertà, e glielo rizzò davanti agli occhi.

"Capisco, capisco!" balbettò Giovanni. "Ma vorrei solo pregarti di non dare troppa confidenza a quella gente. Io li conosco! Vengono qui per 'fare un macello', come dicono. Se ballano con una signora, e questa ride per tutto il tempo, essi scrivono all'amico di Messina che la signora li ha baciati. Guardali dopo che han terminato un ballo e si trovano con gli amici: si leccano le labbra e fanno gli occhi di pesce, come se avessero mangiato del miele!..."

Alzava la voce irritato, cedendo alla violenza che ci anima quando, all'insaputa di tutti, parliamo male di noi stessi.

"Ma tu hai fatto così?"

"Lasciamo stare quello che ho fatto io! Però posso dirti che li conosco bene!"

"Sta' quieto, caro! Non ho voglia di ballare con nessuno!"

Ma una sera, nella terrazza di un caffè, mentre la luce turchina rendeva straordinariamente graziosi gli uomini in giacca bianca, e allo stropiccio dei piedi si mescolava lo sciabordio del mare vicino in modo che i cavalieri mandavano all'orecchio un po' acceso di Ninetta quasi un rumore d'ali, ella disse a Giovanni: "Vorrei ballare!"

"Fa' come vuoi!" borbottò Giovanni, con un colpo di tosse per schiarire la voce. "Fa' come vuoi!"

"Non ti dispiace?"

"No, no, affatto!"

Poco dopo si avvicinò un siciliano che, dopo aver gettato agli amici una strizzatina d'occhio, s'inchinò con un sorriso timido, cattivo e supplichevole. Giovanni allora non poté più tenersi, e corse con una mano sotto il tavolo per afferrare la mano di Ninetta che si voltò verso di lui: egli le sussurrò, bianco come un lenzuolo:

"Con questo, no! Con questo, no! Te ne prego!"

E infatti Ninetta disse: "Sono stanca!"

Il cavaliere retrocedette nel peggior modo possibile, come se scendesse all'indietro per una scala, e Giovanni lo seguì con la coda dell'occhio fin dove quegli era aspettato dagli altri amici, che lo presero in mezzo alle loro gomitate e spallate e risate di scherno.

"Hai visto?" fece Giovanni.

"Non ho visto nulla!" rispose, secca, la moglie.

All'inizio del ballo seguente, un giovane alto, indifferente, pensieroso, s'inchinò davanti a Ninetta.

"Con questo, sì!" sussurrò Giovanni.

La moglie si alzò, stirandosi, con le palme aperte, la veste sui fianchi: e Giovanni decise di tenere gli occhi sul dorso della propria mano, posata sul tavolo, per tutto il tempo del ballo. Proposito che eseguì fedelmente.

Tre volte, Ninetta ballò con quel cavaliere.

"Mi pare un giovane a modo!" borbottò Giovanni, mentre tornavano all'albergo.

"E invece è un mascalzone!" disse Ninetta. "Ha cercato di baciarmi!"

"Partiamo!" fece Giovanni, non resistendo più alla collera. "Partiamo subito!"

E infatti, l'indomani, partirono per Milano.

XII

La nuova casa di Milano odorava di vernice riscaldata e di segatura umida; e Giovanni, dopo la prima notte, lo disse alla moglie.

"Mio Dio, io non lo sento!" fece Ninetta.

"E io sì: al punto che non posso dormire!"

"Era meglio l'odore di ragnatele che sentivo di notte a Catania?"

"Ciascuno è abituato al proprio odore! Ma adesso, se la prendo così, non potrò chiudere occhio: mi conosco bene."

"Fa' come facevo io in Sicilia: bagna il cuscino con acqua di Colonia!"

Giovanni mise in pratica il consiglio della moglie: e dormì profondamente, ma per tutta la notte sognò di tenersi, con le due mani, la testa che gli doleva. Dopo una settimana, si era abituato all'odore della nuova casa, e non ebbe più bisogno, prima di andare a letto, di versare sul cuscino due cucchiaini di acqua profumata.

Quelli a cui, invece, non riusciva ad abituarsi, erano i mobili razionali. Si aggirava fra le sedie tubolari, il pianoforte a ribalta, i tubi di acciaio e okumè come si aggira un gatto davanti a una parete in cui è dipinto un fornello, cercando inutilmente, e spesso con l'effetto di ferirsi, di entrarvi con la testa e le zampe. Tutti quei mobili lo tenevano ritto, impalato, e non c'era proprio come far cascare la testa, o buttarsi giù, o accucciarsi.

Un pomeriggio, pensò: "Adesso schiaccio un sonnellino, come a Catania. Se non dormo dopo il pranzo, la sera sbadiglio continuamente e mi casca la parola di bocca!"

Ma, entrato nella propria camera, credette che gli occhi lo ingannassero: il letto era sparito dentro la parete, e al suo posto si rizzava un mobile stretto e lungo con sopra un tappetino e due vasi di cactus. Egli rimase a guardare e riguardare, con gli occhi aridi, quel mobile privo di scopo; poi disse: "Vuol dire che era scritto così!"

Servendosi della libertà che le assegnava il mignolo di Giovanni, Ninetta aveva fatto collocare i letti suo e del marito in due stanze divise da un corridoio. Sfortunatamente l'impianto dei caloriferi era disposto in modo che tutte le camere fossero riscaldate, tranne quel corridoio.

La prima notte, non appena mise il piede fuori della propria camera, Giovanni si sentì gelare: "Ma qui è come se fosse fuori!" balbettò fra i denti. "Davvero in questa città devo lasciarci la pelle?" Strisciando con le pianelle, era frattanto arrivato vicino all'attaccapanni pieno di cappotti: "Che faccio?" pensò. Tre volte si buttò sulle spalle il pastrano più pesante, e tre volte se lo tolse. Finalmente, decise di tenerlo: "Lo lascerò davanti la porta di Ninetta!"

Ma l'indomani, essendo un po' cresciuta la confidenza, egli si presentò alla moglie in pigiama, veste da camera di pelo di cammello, e pastrano nero posato sulle spalle. Si vergognava un poco di questo cumulo di coperture, che gli tentennavano addosso; ma Ninetta, che lo aveva accolto sempre con un sorriso, questa volta tenne la bocca seria, per non metterlo in imbarazzo.

Una notte, la temperatura scese a cinque gradi sotto zero, e Giovanni non uscì dal letto.

Al mattino, in sala da pranzo, Ninetta gli domandò, sorridendo con un certo sussiego: "Perché non siete venuto signore?"

"Eh!" fece lui indicando con gli occhi i vetri del balcone coperti di gelo.

Ninetta scoppiò a ridere e gli mise, come a un bambino, le mani tiepide sulle orecchie fredde.

La sera, nel mezzo del corridoio, si vide un barlume rosso: era un pensiero affettuoso della moglie, una stufa elettrica che riscaldava le gambe di chi vi passava vicino, e mugolava piano piano come un cane che sogni.

"Be', questo non va male!" pensò Giovanni, rigirandosi davanti alla stufa, prima di avventurarsi nella seconda metà del corridoio.

Però, giunto vicino all'attaccapanni, prese il cappello a cencio e se lo pose sulla testa. Questa volta, Ninetta, vedendolo entrare, disse piano piano: "Dio mio!" ma egli non udì nulla.

"Ti ringrazio della stufa!" fece Giovanni, togliendosi il pastrano.

"Domani ci sarà anche il telefono," disse lei, cercando il tasto della lampada per spegnerla.

Quel telefono, non appena fu collocato nella stanza di soggiorno, portò la voce del commendatore Di Lorenzi, presidente della società, il quale si lamentava che Giovanni arrivasse troppo tardi al negozio.

"Avete ragione!" rispondeva Ninetta. "Alle undici, è troppo tardi!... Avete ragione!"

"Telefono del malaugurio!" borbottò Giovanni, quando ella riattaccò il microfono al gancio. "Comincia male! Chi sa quante cattive notizie deve portarci in casa!"

"Amor mio, non essere superstizioso! Riconosci che Di Lorenzi ha ragione! Bisogna che tu ti alzi molto presto!... Ti prego, smettila di stringere quel pezzo di ferro!"

Ninetta andò a sedere sul bracciolo della poltrona in cui stava il marito e poggiandogli la tempia sulla tempia, gli disse cento frasi affettuose: "Amor mio buono che si alzerà presto al mattino!... Zucchina mia dolce, che si alzerà presto!... Cuore mio cattivo, che si alzerà presto!"

Infatti, l'indomani, Giovanni si levò alle sei e mezzo.

Ninetta rimase a letto, ma volle che la porta della propria stanza fosse aperta in modo da poter sentire i passi del marito, e fargli arrivare di tanto in tanto la voce.

Quei passi non erano sempre molto lesti; e quand'ella li sentiva morire in qualche angolo della casa, si alzava sul gomito e gridava: "Amor mio, spicciati!"

Ci fu un momento che, dal punto in cui si era spento il rumore dei passi, venne un suono molto singolare di stoffa spazzolata e strofinata.

Che succedeva? Ninetta infila una vestaglia e salta dal letto per vedere cosa fa il marito. E lo trova tutto rosso e beato in viso che struscia le spalle sui radiatori del termosifone.

"Oh, no, mio caro!" fece Ninetta. "No!"

La voce improvvisa della moglie lo colpì come una mazzata sul collo: si sentì morire dalla vergogna.

"Sono un po' freddoloso di natura!" mormorò, dopo un minuto di silenzio.

"Devi cambiarti!"

"Mi cambierò, vedrai!" masticò egli rabbiosamente, esasperato contro se stesso, la propria natura, la Sicilia, la vecchia casa di Catania e tutte le sciarpe e coperte che gli erano pesate addosso da quando era venuto al mondo.

Per tre giorni, quella frase mugolò fra i suoi denti; ma egli non sapeva come attuarla.

Finalmente, un mattino, si alzò con un che di scuro e furente in viso, e chiese un accappatoio e una spazzola per la pelle.

"Che vuoi fare?" disse la moglie.

Egli la guardò, serrando le palpebre: "La doccia fredda!"

"Ma no, caro! Se non sei abituato, no! Bisogna cominciare d'estate, non d'inverno! Ti prego, caro!"

Egli scosse il capo e, postosi l'accappatoio su una spalla, provando con forza nelle palme la spazzola di gomma, si avviò verso lo stanzino da bagno. "In fondo," pensava, "l'acqua fredda non ha mai ucciso nessuno. Ho il cuore sano! Potrebbe venirmi una paralisi, se avessi il cuore debole. Ma, grazie a Dio, ho il cuore sano!"

Sulla soglia dello stanzino, però, ebbe un capogiro; gli pareva che tutte le cose gelide, il pavimento, le pareti, la catena, lo toccassero con punte acuminate. Ma non durò che un minuto.

"Andiamo!" esclamò, girando un rubinetto; e con un salto, fu dentro il rovescio della doccia.

Tutto il suo sangue, cullato da lunghi sonni pomeridiani sotto le coperte, tutta la sua pelle accarezzata dalla lana anche durante l'estate, le radici stesse della sua vita profondate nel tepore, saltarono su, alla frustata dell'acqua fredda. Gli parve di morire, di perdersi nel gelo, e poi di ritrovarsi in un forno acceso. Uscì dallo stanzino col viso vermiglio.

"Mi sento assai meglio!" disse alla moglie fra brividi non sapeva se di freddo o di bruciore...

"Mi sento proprio meglio!" telefonò dal negozio. "Il freddo non ce la fa più con me!"

In verità, sentiva meno freddo. Ma, due giorni dopo, si era infreddato. Il naso, che la natura gli aveva dato un po' stretto, gli si chiuse totalmente. Ogni tanto, per respirare, egli era costretto a tirare l'aria con forza, mandando un sibilo che faceva voltare Ninetta verso di lui. Non che mostrasse d'infastidirsi, ma ogni volta che il marito fischiava col naso ella si volgeva vivamente come se fosse stata chiamata per nome. Sicché Giovanni dovette respirare con la bocca aperta, e, quando il palato

116

gli si asciugava, e al posto della lingua sentiva di avere un pezzo di sughero, andava in un'altra stanza, la più lontana da Ninetta, e, chiusa la bocca, respirava dal naso con tutta la forza dei suoi polmoni. Quando non poteva alzarsi, e lasciare Ninetta, fingeva di sbadigliare.

Il terzo giorno, poiché soffriva veramente, si fece mandare dal commendatore Di Lorenzi a Como, a ispezionare una filiale. A Como, nel ritiro di una camera d'albergo, egli sfogò a suo agio quel maledetto raffreddore.

Tornò guarito, e fece subito una seconda doccia fredda. "O muoio," pensava, "o divento un altro!"

Piano piano divenne un altro: asciutto, magro, di colorito normale (non più chiazzato dopo i pasti), e con gli occhi lucidi e a fior di testa. Sradicato dalle sue abitudini, cadde nella mania del moto e del freddo: andava in giro con un soprabito leggero, e si concedeva pochi minuti di riposo durante il giorno, e poche ore durante la notte.

Ninetta applaudiva, con le sue mani di rosa, ogni volta che egli si alzava, usciva, prendeva la doccia, rinunciava ad una maglia, riduceva il volume della minestra. Era lei, in fondo, che comandava di essere veloci, magri, svegli, poco vestiti!

Ogni tanto, uno schiocco di cartilagini, in mezzo alle giunture: era la sua vita che cigolava sommessamente, come una vecchia diligenza attaccata a un cavallo focoso. Si guardava e riguardava gli occhi, lustri come quelli di un insonne; e del suo nuovo aspetto non sapeva che pensare. Era diventato più magro di uno studente di liceo, ma intorno a quella magrezza c'era sempre un che di flaccido e ingombrante, come il fantasma di un uomo grasso. Applicando le regole comuni, per le quali un uomo viene giudicato bello o brutto, egli non risultava provvisto di alcuno di quei caratteri che fanno dire di un uomo che è brutto: non era grasso, non era piccolo, non era storto! Tuttavia, ogni volta che, nel mezzo del salotto, Ninetta gli poggiava la guancia sul petto, egli continuava a vedere nello specchio la scena di una donna bella e di un uomo brutto.

"Sei felice?" gli mormorava lei, con la bocca sui bottoni del gilet.

"Sì!" rispondeva Giovanni, mentre tutta la sua vita pareva colargli dall'occhio su quei capelli biondi.

In febbraio, arrivarono i mobili dei salotti, e un lampadario simile a una caldaia, assicurato al soffitto con catene argentate, mandò in alto la sua vampa bianca.

"Ora non saremo più soli!" disse Ninetta. "Conoscerai persone di grande qualità!..."

Da quella sera, infatti, fra "Sì, sì!... Oh, oh!... Che gusto!... Brava! Brava!... Bella! Bene, bene!..." e sgriglio di scarpine, e sospirare, e tossire, tutta Milano (almeno così a lui parve) venne a sedere nei due salotti. Il commendatore Di Lorenzi veniva il giovedì e il sabato: gli scrittori Luisi, Marinelli e Valenti, insieme con le loro mogli, venivano invece ogni sera. Gli altri capitavano ogni tanto, a qualunque ora, talvolta dopo il teatro, per bere un po' di cognac nei bicchieri a campana regalati da Barbara il giorno delle nozze.

Egli aveva temuto che si sarebbe trovato a disagio con uomini così colti e rinomati: invece dovette convenire che tutti quanti eran brave persone; e si alzavano in piedi quando egli entrava nel salotto, e gli domandavano sempre cosa pensasse dei loro discorsi, e notizie sulla Sicilia, le donne, i bagni estivi, l'Etna, gli aranci.

Giovanni o rispondeva con monosillabi, o diceva no alzando la bocca come un cavallo quando non vuole più bere.

"Siete un tipo taciturno!" gli dissero. "Non amate sprecare le parole come noi."

Valenti giungeva spesso prima degli altri, quando nei vetri del balcone c'era ancora un po' di luce. Era sempre stanco, pover'uomo! Rovesciava il capo sulla spalliera della poltrona, e chiudeva gli occhi, continuando a battere le dita sui braccioli di legno. Giovanni ne provava una gran pena e simpatia; e seduto davanti a lui, in una sedia più alta, stava a guardarlo in silenzio, mentre la moglie andava in giro per la casa a dare ordini o a rispondere al telefono.

"Eh, mio caro!" gli disse una sera Valenti, senz'aprire gli occhi. "Non resterà nulla di me! Nulla! Mi ostino a scrivere libri, ma non sono che un giornalista!"

Giovanni non capiva, e rispose con un rumore sordo della gola.

"Avere scritto *I Malavoglia* o non avere scritto mai nulla come voi!... Non ci sono vie di mezzo per un uomo che si rispetti!"

Giovanni finse di tossire.

"Vi invidio!" esclamò Valenti, alzando le palpebre e versando su Giovanni lo sguardo di un bambino ammalato. "Vi invidio! Vorrei essere come voi! Quello che dite voi, va bene! Quello che scrivo io, va male! Perché io scrivo e voi non parlate? La sera, quando ci sono anche gli altri, parlate! Ve ne prego: parlate più di loro! Le cose che direte, andranno bene, benissimo! Abbiate fiducia in me: parlate!"

La sera, Giovanni non disse nulla, come al solito. Ma l'indomani, vedendo entrare Valenti con un fascio di fogli stampati in mano e il viso di un cadavere, credette che il brav'uomo fosse così triste a causa sua, e giurò fra se stesso che avrebbe parlato.

"Se aveste un camino acceso," disse Valenti a Giovanni, dopo un'ora che teneva gli occhi chiusi, "ci butterei questi fogli!... Tre anni di lavoro! Migliaia di ore al tavolino!... Pagine fiacche, aggettivi sbagliati! Oh potessi bruciare interamente questo corpo di parole, entro il quale soffro pene acerbe, come in un corpo paralitico o gobbo!... Morire alle parole!"

"Questa sera," disse Giovanni, "prenderò parte alla conversazione. Ma temo di far dispiacere a Ninetta!"

"Voi valete più di vostra moglie."

Giovanni rimase di stucco: lui valeva più di Ninetta?

La sera, quando i pittori e gli altri letterati riempirono il salotto, Giovanni, infilandosi nella conversazione a proposito di un vecchio bolognese ammalato di turpiloquio, raccontò un episodio della sua vita a Catania. "Il mio vecchio zio," disse, "non riconosceva le persone, e, quando c'erano visite a casa sua, s'avvicinava alle signore quasi a fricarle il muso nel muso..." Si fermò, arrossendo fino ai capelli: quel fricare, santo cielo, era un vocabolo italiano? Ma vide che tutti gli sorridevano con cenni di approvazione.

"Avanti!" disse Luisi. "Raccontate mirabilmente..."

"...S'avvicinava dunque alle signore, e gli brontolava sul muso: 'Ma voi, chi caspita siete?' Veramente non diceva caspita; diceva peggio!"

Ninetta lo guardò con severità, ma Valenti gli faceva col capo di sì, di sì, che andava molto bene.

"I giovanotti, invece," continuò Giovanni, "a quel vecchio, ci armavano la farsa!"

"Come?" fece Marinelli, saltando dalla sedia. "Come avete detto?"

"Ci armavano la farsa," ripeté debolmente Giovanni: "lo prendevano in giro!"

"Ma codesto è il linguaggio di Verga! Per Dio che bella lingua, la vostra!"

"E voi," gli disse la signora Valenti, "che sapete raccontare così bene, avete taciuto per tante sere! Chi sa di quante belle cose ci avete defraudati!"

Giovanni si asciugò la fronte col dorso della mano, e sorrise.

Sul tardi, però, quando rimasero soli, Ninetta gli fece un viso accigliato, e rispondeva secca a ogni domanda di lui.

"Sembri presa dalla bomba!" mormorò Giovanni.

"Che modo di esprimerti, mio caro! Presa dalla bomba!"

"Io sono siciliano, e parlo siciliano!... O parlo italiano!... Parlo insomma come mi viene di parlare!"

"Ma il tuo non è né siciliano né italiano! Non credere agli elogi che ti fanno! Lo sappiamo poi cosa dicono di te?"

Giovanni s'irritò: "Oh, non sono uno che si possa fargli la baia, stanne certa!"

"Da quelli, non riesce a guardarsi nessuno."

Giovanni perdette le staffe: "Nemmeno tu!" disse.

"Nemmeno io, lo so, ma faranno una distinzione fra me e te!"

"La fanno!"

"Che ne sai tu?"

"Ma vuoi davvero che ti ripeta?..."

"Avanti!"

"...cosa mi ha detto Valenti, lì, in quella poltrona?"

"Cosa ti ha detto?"

"Che io valgo più di te!"

Fu come un colpo di vento che rasserena il cielo: la piccola nube di collera, la prima che oscurasse gli occhi di Ninetta dopo il matrimonio, disparve di botto.

"Perdonami, caro!" disse ella, ridendo senza malignità.

"Perdonami tu!" fece Giovanni a voce bassa.

L'indomani sera, nel salotto, egli tornò alle sue frasi di poche parole.

"Parla!" gli disse piano la moglie. "Ieri sono stata una sciocca."

"Non mi va di parlare!"

Cominciava a infastidirsi del fatto che gli amici di Ninetta lo approvassero con tanto calore. "Ma in fondo," pensava, "cosa dico di straordinario?"

Ogni volta che apriva la bocca, tutti indistintamente trovavano in lui il buon senso, l'uomo positivo, l'uomo normale. Le signore poi, specie la giovane moglie di Valenti, gli facevano un mondo di moine, accostandosi con tutto il corpo per dirgli anche la cosa più futile. Egli ne aveva sempre una addosso, e guardava Ninetta per vedere se si adombrasse. Ma Ninetta o non badava a lui, ovvero gli sorrideva.

Scoprirono che egli aveva una grossa mano, che era "secentesco, barocco di complessione, ma un bel barocco".

La signora Valenti gli prendeva spesso la destra e, sollevandola con fatica, la mostrava a tutti: "Guardate! Ma guardate!"

Egli lasciava fare, e mentre le dita gli ricascavano ad una ad una su quelle fredde della signora, guardava sempre Ninetta che sorrideva sempre.

Della sua mano, si parlò molto. Anche nei caffè, lo chiamavano da un tavolo vicino, e la signora Luisi, o Marinelli, o Valenti, o qualche altra, dopo averlo presentato lesta lesta alle amiche, gli prendeva il braccio destro e, alzandolo con un sorriso affettuoso: "Ecco la famosa mano!" diceva.

Le ragazze sporgevano il viso: "Davvero, che forte! Sembra un sasso, un martello, un manubrio di ferro!"

Giovanni lasciava fare, con un sorriso paziente.

Com'erano lontani i caffè di Catania, i discorsi di Scannapieco, le gomitate e gli urtoni degli amici!... Scannapieco sarebbe morto di felicità se avesse potuto tenere la propria mano, come adesso capitava a lui, fra tante mani di donne!

Spesso, a casa sua, si parlava di libri: ma questi scrittori, che avevano letto stanze di volumi larghe quanto chiese, queste signore, che mandavano, ogni fin di mese, centinaia di lire al libraio, dicevano poi di odiare i libri e di amare la "vita sana", i viaggi, l'ignoranza, l'azione; e così dicendo, guardavano Giovanni con un tenero sorriso. Egli sentiva di rappresentare per quei signori troppe cose, di cui gli sfuggiva il vero senso; e quando i loro occhi rimanevano a lungo sulle sue spalle, usciva con un pretesto qualunque dal salotto, e andava nel corridoio, a riposarsi di quel carico di ammirazione muta che gli era gravato addosso.

Talvolta, nei giornali, appariva uno di quei visi che la sera, al lume indiretto del grosso lampadario, beveva il cognac nei bicchieri a campana regalati da Barbara.

"Com'è venuto male!" esclamava Ninetta.

"A dir la verità, mi pare che ci guadagni!"

"Oh, Giovanni, dov'è quell'aria stanca e affettuosa, quella luce degli occhi?"

"Eh, dov'è, dov'è?"

Ci voleva Ninetta per scoprire che Alberto Marinelli avesse l'aria stanca e affettuosa e la luce negli occhi! Ma non era geloso di uomini così "spirituali", che pareva riserbassero solo a lui, Giovanni, il compito di fare tutte le cose grosse della vita, compreso il desiderare una donna come donna e non come amica e consigliera.

Però, da un certo tempo (bisogna pur dirlo), egli non era più tormentato da simili desideri! Fosse la doccia fredda del mattino, fosse quella vita attiva, il mangiar poco, l'odore di nebbia, vernice riscaldata e segatura umida di cui era piena Milano, certo è che Giovanni non aveva nemmeno prestato attenzione alle caviglie delle signore che frequentavano la sua casa e che, in altri tempi, gli avrebbero dato mesi interi di smanie. Le mani di queste signore gli si posavano sui ginocchi, i petti sul dorso, i menti, talvolta, sulla spalla, senza che niente di selvaggio e feroce saltasse su, dal fondo dei suoi nervi, incontro a queste sensazioni. Gli sarebbe parsa una cosa straordinariamente fuori luogo, una villania senza scuse, desiderare, al modo di Catania, una di quelle signore.

Un giorno capitò a Milano l'amico Muscarà, e Giovanni ebbe a invitarlo a colazione insieme con molti letterati e con le mogli. Dopo il primo bicchiere di vino, sentì un fiato caldo colpirgli l'orecchio e il rantolo sordo dell'amico: "Quella lì?..."

"Ebbene?" fece Giovanni, vivamente.

Muscarà strizzò l'occhio verso la signora Valenti:

"Quella lì, dimmi un poco, si lascia?..."

Giovanni gli gettò addosso uno sguardo così terribile che Muscarà rimise il suo nel piatto. Ma passati nel salotto, e rimasti soli in un angolo, Muscarà riprese il discorso: "Sei diventato stupido? Quella lì ne avrà fatte di tutti i colori! E tu ci hai bagnato il pane, come gli altri!"

"Finiscila, ti prego!"

"Come vuoi!"

Muscarà, ripartito la sera stessa, lasciò nella casa il sospetto, il dubbio e l'imbarazzo, un che di viscido, nerastro e maleodorante. Giovanni non rimase più tranquillo quando la Valenti gli metteva la mano sul ginocchio: notò, anzi, che, facendo finta di niente, ella lo grattava lieve lieve col mignolo.

Così, mettendo un piede dietro l'altro nella via dei sospetti e dei turbamenti, cominciando a rispondere, almeno con rossori subitanei, colpi di tosse e balbettamenti, a quelle piccole pressioni che si mostravano sempre più simili alle carezze, Giovanni si trovò, una sera, nell'angolo buio di un caffè, con le labbra della Valenti fra le labbra. "Che bell'impiccio!" pensava durante il bacio, lungo come l'acuto di un soprano che vuole strappare l'applauso. "Dove mi sono cacciato?"

Si accorgeva poi di non provare altro che ripugnanza e paura.

XIII

Da questo lato, le cose non andarono bene.

Tovaglie rischiarate da una lampada gialla, camere d'albergo con la catinella di coccio, interni di automobili ferme in una strada di campagna, viali solitari: non saranno mai questi i ricordi migliori di Giovanni. Due volte, e da due signore diverse, ma pronunziata la prima e la seconda volta con un tono estremamente uguale di sprezzo e delusione, la frase: "Che siciliano siete?" colpì l'orecchio di Giovanni. Una terza volta, questa frase tornò da parte di una ragazza, in una forma poco diversa: "Così siete, voi siciliani?"

Veramente, i siciliani non erano così, né egli era stato sempre così. Ma dal giorno in cui s'era dato alla vita attiva, come chiamavano questo rompersi il collo a destra e a manca, e arrivare ovunque col fiato grosso e l'ultimo boccone ancora fra i denti, dal momento in cui la doccia lo aveva raffreddato fin nelle fibre più interne, e gli occhi piano piano gli erano affiorati dal viso magro e asciutto, Giovanni si sentiva assai cambiato. Come? A Ninetta aveva detto: "Meglio!" E per un certo verso si sentiva meglio; ma continuamente in procinto di sentirsi orribilmente.

Egli spendeva, nella sua giornata attiva e ormai priva

del sonno del pomeriggio, fino all'ultimo centesimo delle sue forze. Facendo esattamente quello che aveva stabilito di fare, la giornata si chiudeva senza debiti, e né lui né Ninetta si accorgevano che egli stesse male. Se però a quelle spese giornaliere egli doveva aggiungerne un'altra, del tutto nuova, i suoi nervi pareva si rompessero, e il cervello gli cadeva in un delirio che, non essendo alimentato dalla fantasia e dalle letture, mandava all'aria, come il vento i cenci, i vecchi ricordi di Catania (egli ripeteva cento volte nel sonno: "Barbara! Muscarà! Scannapieco!")

Cominciò così ad aver paura di tutto quanto richiedesse da lui ancora una spesa di forze, oltre quelle stabilite. Ebbe paura perfino dei concerti troppo lunghi, che lo agitavano più del necessario; ma soprattutto ebbe paura delle signore. Le evitava, le sfuggiva, voleva sempre con sé Ninetta quando s'avvicinava una di loro. E finì con l'odiarle.

"Ma i mariti," borbottava, "se alzassero gli occhi dai libri, ogni tanto?..."

Gli dispiaceva, in modo particolare, che il buon Valenti avesse quella moglie.

"Per lui," pensava Giovanni, "ci voleva mia cugina Annetta! Colta, intelligente e brava ragazza! Avrebbe 'trovato il suo verso!'" Voleva dire: sarebbe vissuto bene! Ma da quando era in Lombardia, gli capitava ogni momento di ficcare nel suo italiano modi di dire catanesi. E pensare che, a Catania, le rare volte che sfogava la sua collera con le sorelle, si esprimeva in una lingua forbita: tanto che Barbara mormorava: "E che dice? Lui parla, e lui si capisce!"

La signora Valenti non aveva alcun ritegno, quando rimaneva con lui, in un angolo del balcone, di là dalle tende.

Ma questa scena appartata, sebbene corrispondesse in tutto a certe fantasticherie, che gli avevano turbato il sonno nei pomeriggi estivi in Sicilia, ora gli faceva battere i denti per una sensazione sgradevole di freddo e mal di mare, e lo induceva a pensare giudizi severi nei riguardi della signora: "Una madre di famiglia!... Una donna che ha la sua età!... A un amico, no, non la faccio!"

Lo strano era poi che l'amico, come tutti gli altri di cui Giovanni avesse trattato con freddezza la moglie, l'indomani lo trattava freddamente!

"Che gli ho fatto?" pensava egli. "*C'è paura* che si lagna perché io l'ho rispettato? Ma questa gente vuole proprio raccogliere le corna da terra per mettersele in testa?"

L'onestà dei suoi propositi non gli richiamava simpatie da nessuna parte. Il suo buon nome scadeva a vista d'occhio: o che le mogli avessero convinto i mariti ch'egli era un personaggio dappoco, o che i mariti fossero gelosi in un modo tutto speciale (cosa, questa, poco probabile!), da alcune sere, nel salotto, nessuno degli ospiti badava a lui, e Valenti o Luisi o Marinelli, dopo aver bevuto il cognac, con un freddo: "Scusate!" e guardando altrove, gli metteva nelle mani, perché lo posasse sulla tavola, uno dei bicchieri della povera Barbara.

Egli andava in giro sui tappeti, e infine si rifugiava nell'angolo del balcone, ove il rumore della conversazione giungeva attutito dalle tende e si mescolava con quello della pioggia sul ballatoio.

Lo aiutò inconsciamente Ninetta, parlando di lui a proposito dei mariti del Sud. Quand'ella disse: "Il mio Giovanni..." tutti si volsero a lui con un sorriso curioso, come a un cane che dormiva confuso con i mobili e ora si rizza sulle quattro zampe. Ninetta fece un lungo discorso, un poco scombinato, a dire il vero, come se i tre bicchieri di cognac le fossero andati alla testa. Rivelò a tutti, e a voce alta, quello che non gli aveva detto mai da sola a solo quando si parla a voce bassa e con tono di mistero: rivelò che ne era innamorata! Aggiunse che bisognava conoscerlo, ch'era un uomo singolare, che tutti i capricci li aveva lui, ch'era difficile capirlo, e che stava alla donna "farlo valere mille o zero!..."

Man mano che ella parlava, gli occhi delle signore si aggrottavano sempre di più, e tornavano a posarsi su Giovanni strisciandogli addosso da strappargli la pelle. Ma dunque?... Ma come andava quella faccenda?... Ma allora?...

"Perché non vi siete confidato con me?" gli disse la Valenti. "So anche essere una sorella!"

Da quel momento, tutte lo strinsero di un'amicizia pressante, affettuosa, interrogativa: volevano conoscere qualcosa di lui perché erano sue sorelle; ma egli non sapeva che rispondere, e ogni volta che dicevano: sorelle, pensava a Barbara, a Lucia e a Rosa nella casa di Catania, e risentiva l'odore di petrolio dei loro vecchi capelli.

Non gli dispiaceva però quest'aria affettuosa delle signore verso di lui, perché faceva capo a Ninetta. Egli non comprendeva esattamente quello che gli succedeva intorno, ma ogni volta che le signore, dopo aver parlato con lei, o solamente scambiato uno sguardo, si avvicinavano premurose a lui, gli pareva che i suoi legami con la moglie si rafforzassero. Ancora una volta quanto di torbido minacciava la sua vita veniva dissipato da Ninetta. Dimenticando le camere d'albergo, le tovaglie rischiarate dalla lampada gialla, le macchine ferme nelle strade di campagna, giunse perfino a pensare, come una volta, che quelle signore fossero brave donne.

Rientrava lentamente in un felice stato d'animo, quando, un pomeriggio, rincasando in tutta fretta, venne fermato all'imbocco della Galleria, dalla punta di un bastone: "Un momento!" disse una voce.

Era il padre di Muscarà che sedeva a un tavolino di caffè, con la guancia su una mano: "Siedi!" gli disse: "Dove andavi?"

"A casa! Come state?"

"Bene!"

Il vecchio posò il bastone sul tavolino, e si mise il mento sulle due mani. Guardava dentro il bicchiere vuoto che gli stava davanti, e non diceva nulla. Poi gettò un sospiro.

"Che avete?" disse Giovanni.

"Mi sento il cuore nero come la pece!"

"Perché?"

"Non so stare lontano dalla mia casa: non dormo, non ho appetito, lo stomaco non fa, con rispetto parlando, quello che dovrebbe fare!"

"Non vi piace Milano?"

"Mi piace, ma io ho una figlia!..."

"E che vuol dire, che avete una figlia?"

"Vuol dire che ogni volta che vedo una donna col muso di salsa e gli occhiacci che ti trapassano, dico fra me: 'E se mia figlia un giorno, diventasse così?' e mi tremano le cosce!"

"Ma ci sono anche qui le brave donne!" disse Giovanni infastidito.

"Credi a me: non ce ne sono!"

"Nemmeno una?"

"Nemmeno una!"

"Oh, una ci sarà pure!" brontolò incollerito Giovanni, pensando sempre più a Ninetta.

"Non c'è, figlio mio, non c'è. Sono vecchio, e mi regolo col naso!... Odore di donne per bene, di donne a modo, con la testa sulle spalle, non ne sento da nessuna parte!"

Giovanni si fece scuro in viso e lasciò cadere la conversazione. Poi si licenziò dal vecchio, e brontolando: "Come sono sicuri, quando gettano manate di fango sulla faccia!" si avviò in fretta a casa.

A casa c'era un nuovo ospite: l'Eccellenza Fabio Rosari, uno scienziato noto in tutto il mondo, e del quale Ninetta sperava da tempo la visita.

Egli capì che avrebbe dovuto odiare questo personaggio, e si mise a sbadigliare nervosamente. L'ospite d'altronde riusciva detestabile sotto ogni rispetto: per salutare Giovanni, non si era alzato dalla sedia, e dunque era un uomo poco cortese: poi non era bello, anzi era brutto come il diavolo, curvo come se avesse passato i giorni in libreria a ricevere bastonate, in gran parte posticcio e male agganciato, coperto di maglie, giubbetti e maglioni, in mezzo ai quali frugava con la mano, cercando una tasca che non trovava mai.

Giovanni si sentì morire dalla rabbia, quando, rimasti soli, Ninetta gli disse: "Ha però una sua bellezza!"

"Ma dove ce l'ha, questa bellezza?"

"Negli occhi, specialmente!"

"Negli occhi? Ma se doveva striscarli sulle cose che desiderava vedere, con l'aria dell'animale che non capisce fino a quando non ha annusato!..."

Ebbene, a Giovanni toccò la mala sorte di dover essere geloso di un uomo simile, e dover sorvegliare lo sguardo che, dagli occhi infinitamente belli di Ninetta, si dirigeva su quel viso di cera rappresa.

Due considerazioni lo aiutarono nei sospetti. La prima, gliela suggerirono i ricordi: anche la marchesa Marconella, la madre di Ninetta, si era innamorata di un uomo orribile e, dopo trent'anni di matrimonio, continuava a guardarlo teneramente. La seconda, invece, gliela dissero gli amici di Catania.

Erano di passaggio a Milano Scannapieco, Monosola e il duca Cared. Essi andavano in giro con le facce esacerbate, perché temevano sempre di "essere presi in giro". "Oh, io non mi faccio minchionare!" era il motto che dicevano a ogni passo. Sorprendevano ovunque gesti ironici, imbrogli, strizzatine d'occhio, cattivi e non degni trattamenti.

In special modo, odiavano i camerieri, avendo sempre il sospetto che costoro fingessero di non udirli, o portassero di mala voglia le bevande ordinate, o ne portassero altre di cattiva qualità, o alterassero i prezzi: tutto per il piacere di "minchionarli!..."

Ma lasciamo stare! Scannapieco e Monosola, un pomeriggio che "erano nel sì", recitarono a Giovanni più di cento assiomi sulla donna. Uno lo colpì dolorosamente: "La donna bella cerca l'uomo brutto, per regalargli un po' della sua bellezza!" Subito, come se Monosola avesse detto: "Ninetta ti tradisce con l'Eccellenza Rosari" Giovanni si alzò dal tavolo e andò a casa.

Ninetta non c'era, ma c'era Rosari, rannicchiato in una poltrona del salotto. Gli toccò salutarlo: egli, Giovanni, in piedi; l'altro, come sempre, seduto. Passò un'ora orribile, accanto a quell'uomo che non spiccicava una parola, e pareva, col movimento nervoso dei piedini sul tappeto, tessere nel salotto buio la sua cupa ragnatela.

Finalmente, arrivò Ninetta: "Oh, Eccellenza!" disse ella. "Mi avete aspettato a lungo?"

"Non mi sono certo annoiato, in compagnia del vostro bravo marito!"

Questo "bravo", come del resto tutte le parole che l'Eccellenza diceva, Giovanni glielo avrebbe fatto rimangiare con un pugno sui denti falsi. Ma si tenne, e sedette anche lui divorando con lo sguardo i particolari ributtanti del viso odiato, che non lo confortavano nemmeno, perché più aumentava ai suoi occhi la bruttezza di quell'uomo e più gli cresceva il sospetto che Ninetta lo amasse!

Fortunatamente, una domenica di marzo, l'Eccellenza Rosari morì. Pranzava in casa di un ministro, senza che nessuno riuscisse a strappargli una parola. Alla frutta, disse qualcosa d'impercettibile. "Ma che dice?" fecero tutti preoccupati, a bassa voce. La signora, che gli sedeva a destra, accostò l'orecchio, e poté udire distintamente: "Muoio!" La signora si alzò, gridando, ma già la testa di Rosari, i cui capelli non erano posticci come credeva Giovanni, era caduta nel piatto.

Una perdita grave per la patria e l'umanità intera! E Valenti, che aveva sempre parlato male di Gabriele d'Annunzio, ripeté più volte una frase di costui: "Il mondo sembra diminuito di valore."

Giovanni poté accorgersi che i suoi sospetti sulla moglie erano ingiusti. Ninetta rimase, infatti, tranquilla: "Ci restano le sue opere!" disse. "Come uomo, Rosari esisteva appena!"

La notte, Giovanni, insultandosi come al tempo in cui abitava a Cibali, e chiamando teneramente il nome della moglie, riempì di lacrime il guanciale.

Purtroppo, se la gelosia di Rosari lo aveva abbandonato, la gelosia in generale, una volta svegliata, non si assopiva più.

Dandosi mille volte torto, lodando fra sé l'onestà, il candore, la bontà di Ninetta, chiamandosi coi nomi peggiori, egli continuava a soffrire per tutto quanto di maschile sfiorasse la moglie: le labbra di Luisi sulla mano di lei, gli acuti del tenore Lugli nell'orecchio di lei, un motto di spirito di Valenti subito riflesso, come una favilla, negli occhi di lei. Sceglieva senza ragione, e sapendo chiaramente di averlo scelto senza ragione, uno di coloro che frequentavano la sua casa, e su costui rovesciava il suo frenetico miscuglio di sentimenti diversi che poi si sommava nel desiderio che quell'uomo non esistesse.

Divenne in special modo geloso degli uomini brutti, e quando poté contare più di cinque difetti sulla faccia di Valenti, fu sicuro che una forte simpatia univa sua moglie a costui. Non riuscì a trovare alcuna prova; ma la sera, se il fumo della sigaretta di Valenti andava a finire nel piccolo naso di Ninetta, egli si sedeva sulle sue mani per non mostrare come le contraesse. Ninetta non seppe e non sospettò mai nulla di ciò che accadeva al marito; ed egli pregava i santi che lo guarissero di una malattia così priva di conforti. Ai primi di maggio, la Madonna in persona lo salvò. Un mattino, alla porta della sua camera si presentò Ninetta, col viso basso di pudore, gioia e malessere; e gli annunciò che "qualcosa di lui si muoveva nel suo grembo"

Giovanni saltò dal letto con un grido rauco.

XIV

La felicità lo salvò dalla gelosia, ma non si può dire che lo arricchisse di salute. La sua vita divenne più attiva, veloce, asciutta, e le docce fredde più frequenti. Egli appariva veramente forte, ma la paura di rimanere privo di forze non lo lasciava un solo momento durante la giornata, e talvolta diventava maniaca.

"Non ho mai fatto un esercizio, nella mia vita!" disse un giorno a Ninetta, guardando verso il proprio passato. "Ho avuto un'adolescenza da vera bestia!... Puah!... Sarei stato un altro, se avessi praticato un po' di ginnastica a quindici anni!"

"Puoi farla adesso!" mormorò distratta la moglie.

"Ora è tardi!"

"Non è mai tardi per queste cose!"

"Forse ha ragione!" pensò Giovanni; e dal domani, ogni mattina, eseguì alcuni esercizi sugli appoggi e le parallele, ed altri, da camera, consistenti nell'aprire e chiudere la bocca e camminare sulle punte dei piedi. In seguito a ciò, le sue mandibole presero un risalto violento e i pettorali gli sforzarono la giacca. Però cominciava a soffrire di disturbi alla vista, e, in quel suo viso da lottatore, gli occhi erravano appannati e come desiderosi di aiuto.

Sicuramente per maligna istigazione della moglie, Luisi gli fece, una sera, un maligno regalo. "Vi ho portato un libro molto interessante," gli disse porgendogli un volume involtato accuratamente. "Non parlatene però a vostra moglie!" aggiunse a voce bassa.

Giovanni fece un buco con l'unghia nel mezzo dell'involto, e lesse, arrossendo come un bambino: *Amplexus interruptus (Effetti deleteri alla salute con particolare riguardo all'organo della vista).*"

Quella sera stessa, però, il caso diede l'opportuna risposta alla cattiveria di Luisi e della moglie. Mentre stava seduta in una poltrona, Ninetta divenne bianca come un giglio al lume di luna, e rovesciò indietro la testa.

"Che succede, Madonna Santa?" esclamò la signora Luisi, sostenendo quella testa perfetta, la cui bellezza, raddoppiata dal malessere, rendeva di sasso Giovanni sì da impedirgli di muoversi e porgere un po' di aiuto.

Ninetta riaprì gli occhi, e disse due parole nell'orecchio dell'amica: "Oh!" fece costei, e guardò Giovanni con un sorriso; poi guardò gli altri, e anche gli altri capirono, e guardarono Giovanni. I "bene" e "bravo" scoppiarono da tutte le parti, verso di lui, e i complimenti, specie delle signore, furono tanti e tali che riuscirono a strappargli una frase priva di senso, ricordando la quale non dormì per tutta la notte: "Che c'entro io? È lei che!..."

L'indomani, mentre stava nel solito angolo del balcone, di là dalle tende, fu raggiunto dalla signora Valenti:

"Adesso lascerete in pace vostra moglie!" disse costei, dopo mille esitazioni e frase monche: "Siamo uomini, creature ragionevoli!..."

Che voleva dire? Giovanni si voltò verso la signora, e le scoprì negli occhi un'umiltà e una furia mescolate insieme in un fremito che pareva dicesse: "Quanto ai vostri sensi, poiché nella vita c'è anche questa parte dolorosa e bassa, pazienza, me ne incarico io!"

Del resto, non solo lei, ma tutte indistintamente le signore sue amiche cominciarono a fargli capire che la povera Ninetta... no, badiamo!... correttezza!... egli, insomma avrebbe dovuto aver bisogno che l'amicizia di una di loro divenisse più stretta e confidente!

Si tornarono a parare davanti a Giovanni le tovaglie rischiarate dalla lampada gialla, le camere d'albergo col lavamano di coccio, le macchine ferme nelle strade di campagna, i viali solitari. "No, no, e no!" rispondeva egli a tutte queste immagini, di cui nemmeno una era improntata a felicità.

Le signore, per di più, erano così poco accorte da iniziare i loro tortuosi discorsi con le lodi di Ninetta: "È bellissima, vostra moglie, di questi tempi! La gravidanza le dona!" Giovanni si sentiva fremere di gioia, e, rapito dall'immagine della moglie, non sentiva nemmeno il resto del discorso, pieno di consigli, d'inviti, di moine.

In verità, Ninetta era diventata bellissima. Egli se ne stupiva sempre più: seduto su di un bracciuolo di poltrona, la guardava camminare per il salotto spirando qualcosa di celeste, e si domandava come mai fosse sua moglie.

Spesso, quand'erano soli, rimaneva talmente turbato di aver chiuso la porta, e di trovarsi a quattr'occhi con una donna così bella, che doveva sentirne parecchie volte la voce e lo scoppio del riso per tornare nell'antica confidenza. Poco ci volle che, a furia di ammirarla, non l'amasse di meno. Ma questo fu impedito dal costante pensiero, col quale s'incoraggiava come un bambino di notte col proprio canto, che nelle "pure e divine" forme di quella perfetta bellezza, la curva leggera, che sollevava la veste, custodiva l'immagine, ancora scialba come il barlume prima della luce, di suo figlio.

Però, Signore dei cieli, avere la Bellezza in casa non è affare da poco!... Perfette le mani che smuovono gli oggetti, perfetti i piedini che sprofondano nei tappeti, perfetti gli occhi che vi guardano, incantevole la voce che chiama il vostro nome! Non c'è affetto o consuetudine, che di tante e sì terribili cose, per ciascuna delle quali sono impalliditi gli uomini nel corso dei tempi, possa fare una "donna di casa", una "persona della famiglia..."

L'aveva preso in questo modo, ormai, e non c'era verso di cambiarlo!

Una ragazza, Eleonora Lascasas, cominciò a frequentarli. Era bella; e Ninetta, guardando nel viso di lei come in uno specchio, disse subito: "Ma io ero così, a diciotto anni!" Bastarono queste parole perché Giovanni si mettesse a brontolare, fra sé e con la moglie: "Eh, Eleonora, Eleonora è un'altra cosa!"

La ragazza aggiunse alla qualità di somigliare a Ninetta quella di mostrarsi scontrosa, irritabile, mai ferma e seduta in un posto, ma sempre in fuga come una cerva, quando all'intorno c'erano uomini. Non sopportava né le parole di costoro né i sorrisi, e il contatto troppo prolungato della loro mano sulla propria la riempiva di collera: sbuffando ella strappava le dita da quelle che la stringevano, e andava a rifugiarsi vicino ai vetri del balcone.

Giovanni la seguiva, con l'occhio torbido di un bue che veda spostarsi un papavero rosso per un campo d'erba. Le pressioni sempre crescenti delle signore acché egli "si decidesse", i primi malesseri di Ninetta, l'amore furioso per lei, un'inquietudine dei sensi dovuta alla debolezza dei nervi, e il fatto che Eleonora somigliasse all'immagine, scontrosa e inafferrabile, che della donna si aveva a Catania, lo spinsero lentamente verso questa ragazza, con l'aiuto della quale, come per una via meno diretta e più segreta, gli pareva di entrare in una parte assai intima della vita di Ninetta. Eleonora lo avvicinava incredibilmente alla moglie, e, d'altro canto, con la sua collera e repugnanza per gli uomini, non gli dava la paura che le altre solevano dargli: tanto simile alla paura del povero che entri in una sala da gioco.

La loro amicizia fu, in un primo tempo, una congiura

contro gli uomini, giudicati odiosi, fastidiosi, insistenti, asfissianti. Poi contro le donne: stupide, fameliche, insistenti, asfissianti. Pareva che il loro amore si librasse nell'aria rada di un terzo sesso; tuttavia, la sera in cui Giovanni baciò Eleonora, la cosa accadde minutamente come al solito.

Due settimane di passeggiate e di brevissimi baci resero felice Giovanni, che, rincasando, non provava alcun rimorso verso Ninetta; anzi, pareva dirle con gli occhi: "So com'eri, a diciannove anni!"

La sua confidenza nella moglie crebbe fortemente. Fu in questo periodo che, soffrendo di acidità allo stomaco, specie quando sedeva dietro il tavolo, nel negozio di stoffe, osò scrivere a matita: "Cara Ninetta, ti prego di mandarmi col porgitore quattro pastiglie di magnesia bisurata."

Sfortunatamente Eleonora Lascasas, passati i primi giorni, smise d'un tratto di essere scontrosa, e si rivelò più insistente e fervida delle altre. La sua collera contro gli uomini, ella la mise tutta nel suo amore per Giovanni che fu stordito di grida, battere di piedi, pianti di stizza, alcuni dei quali gli giungevano fino a casa per mezzo del telefono. Gl'insulti più atroci, che un ragazzo di strada abbia mai detto a un compagno che gli ha pestato il berretto, scoppiavano su quella bocca ancora infantile. Alcuni, Giovanni non li capiva perché erano del dialetto milanese, altri, invece, lo facevano arrossire fino al bianco degli occhi. Allora egli si chiudeva la faccia tra le mani, e mormorava: "Mamma mia, che coltre mi sono buttato addosso!"

Non c'era altra uscita che quella di diventare freddo, indifferente, e ironico. Ed egli la imboccò alla men peggio, sebbene quel dover sempre sorridere con mezza bocca lo riempisse di amaro come una foglia di aloe. Ma insomma, sia fatta la volontà di Dio! Sistemò la sua giornata in modo che, oltre la doccia fredda, la veglia del pomeriggio, il lavoro, la ginnastica svedese, ci fossero anche le grida di Eleonora, i suoi insulti rabbiosi e i suoi baci non meno rabbiosi. Gli occhi gli divennero lucidissimi; cravatte di raso, scelte da Eleonora, e ogni sera sciolte e riannodate da lei spinsero Ninetta a battere le mani.

"Tu sei un altro!" disse ella. "Sei veramente un altro!"

Giovanni si riempiva di un respiro d'orgoglio il petto magro, muscoloso e stanco.

Una sera, Ninetta lo pregò di non respingere una sua preghiera.

"Parla, cara!" disse egli.

"Facciamo una corsa in Sicilia, e torniamo subito!"

Giovanni rimase sopra pensiero: "Lasciami riflettere!"

L'indomani, rifletté continuamente.

Era maggio, e il sole di Milano non riusciva ancora a riscaldare: c'era sempre qualcheduno, nella strada, che si soffiava le mani; e i soprabiti leggeri brillavano ancora in mezzo alla nebbia. Ricordò che, in questi giorni, a Catania, il gatto dorme nei balconi, e non si sveglia nemmeno quando Barbara, innaffiando i fiori, gli fa cadere un po' d'acqua sulla coda; nelle carrette, sgombre di verdura, dorme al sole, con la testa poggiata sulla sponda, un ragazzo mal vestito, e colui che lo trascina sonnecchia anch'egli trottando fra i passanti dagli abiti scuri rivestiti di luce rosa.

"Andiamo!" disse, la sera, a Ninetta.

"Oh, grazie, caro! Non ti riconosceranno più, vedrai! Sei proprio un altro uomo!"

Due giorni dopo, Ninetta poteva attuare il proposito di riportare quell'"altro uomo" in Sicilia. I due sposi erano saliti in treno.

Ridevano, si afferravano le mani, s'indicavano col dito teso il primo forte raggio di sole che fosse apparso a Milano e che pareva mordere come una fiamma una delle rotaie. Poi il treno si mosse, e i due sposi caddero sui divani l'uno di faccia all'altra, nell'atto di chi si accinge a fare un discorso. Essi cominciarono col parlar male della Sicilia. Che gente! Arabi, tristi, maldicenti, pigri!... Giovanni svelò alla moglie alcuni segreti maschili dei catanesi: "Se ci stai attenta, vedrai che nessuno dei miei amici ti guarderà negli occhi! Han paura di turbarsi, perché tutti credono di avere il sangue caldo!"

"Davvero?" fece Ninetta, ridendo con le lacrime agli occhi.

"Anche i vecchi dicono di soffrire per la donna, vecchi che non hanno la forza di spicciare i piedi dal pavimento!"

"Oh, Dio mio!" fece Ninetta, divertendosi come mai nella sua vita. "Oh, Dio mio!"

Intanto il raggio di sole era scomparso, la nebbia copriva i campi, e il freddo tornava a pungere. Giovanni, d'un tratto, divenne pensieroso: si sentiva la bocca amara e le spalle stanche come se fosse stato lui a portare i bauli. Si guardò nello specchietto del divano: "Ehi, come sono dimagrito!"

"Stai molto meglio!" disse Ninetta.

"Oh, sì, certo!" fece egli con convinzione, e tornò a sedere poggiando la guancia alla tendina.

"Vuoi coprirti?" disse Ninetta. "Nella valigia, che ti regalò tua sorella, sai cosa ho trovato?"

"Che?"

"Uno scialle! Guarda!"

Ninetta cavò dalla valigia di cuoio, regalata da Rosa, uno scialle di lana.

"A pensare che mia nonna usciva con lo scialle!" disse Giovanni, avvolgendosi le gambe e i fianchi, e ridendo sempre più debolmente a misura che il sonno cresceva.

Dentro quello scialle, l'aria si riscaldò subito, ma Giovanni, dormendo, cominciò a sognare i lunghi pomeriggi d'inverno, a Catania, quando i soffi entrano dalle imposte e ti toccano nei più disparati punti, come birichini dal dito freddo; e tu alzi il bavero o abbassi lo scialle.

o calchi il berretto, secondo che il freddo ti colpisca il collo, le spalle o i fianchi; e stropicciando forte le mani, dici: "Uhuuu, come quest'anno, il freddo, mai..." La notte di Natale, tutti gli ospiti, nella sala da pranzo, sono imbacuccati e intabarrati. "Non togliete il cappello, prego! Tenete il pastrano!" dice la signora agli ospiti sulla porta. Il padrone di casa ha dipinto con le proprie mani il presepe, e la vecchia sorella lo ha riempito di tutti gli oggetti della sua fede e dei suoi ricordi: arance e mandarini sbarrano le stradette di Betlemme, una fortezza romana minaccia di crollare sotto il peso di un grappolo d'uva. D'altra parte, quanti Bambini Gesù! Tutti quelli dei presepi degli anni passati, di cera, di pietra colorata, di zucchero! Nella grotta ne nasce Uno ch'è un amore; ma davanti alla grotta ce n'è un Altro, veramente grandissimo, con l'aureola di stagnola, ai piedi del quale la vacca e l'asinello paiono due mosche. E a destra, e a sinistra, sul mare, presso la cisterna, nel castello di Pilato, dieci altri minutissimi Bambini ricevono sui piedi quasi invisibili i baci porti da grosse mani. La zampogna, grande e viva come una mammella di vacca, si gonfia nel corridoio; e tutta la casa trema a quel lamento di pecore... Il cielo, fuori, è limpido, ma il freddo cresce di ora in ora. Gli ospiti trottano per le stanze, mettendosi le mani dentro le ascelle, abbozzando passi di ballo, o addirittura, chi ha lo scialle, caracollando come un cavallo con la gualdrappa. Alcuni, parenti del padrone di casa o amici più intimi, si ficcano in cucina, per mettere le mani e il viso nel vapore delle marmitte e dentro il forno luminoso di pasticci.

"Che tutto sia caldo, caldissimo!" dicono alcune voci. Finalmente, eccoli seduti intorno alla tavola accidentata, perché la lunghissima tovaglia copre tavolini rotondi e tavoli quadrati non tutti della medesima altezza. Con un ultimo brivido di freddo, gli ospiti mettono fuori la punta delle dita per impugnare il cucchiaio. Una zuppiera gigantesca vien collocata, con un ramaiolo dentro, nel mezzo della tavola; e i visi scompaiono in una nuvola di vapore entro cui tutti annusano e si dimenano cercando caldo e odori saporosi. Una dopo l'altra, le cucchiaiate fumanti entrano nelle bocche. "Ahi, ahi!" fanno alcuni, tenendo aperte le labbra e non osando masticare il boccone rovente. Poi inghiottono, con gli occhi fuori delle orbite. "È fuoco!" dicono.

"È magnifico! Magnifico!"

A poco a poco, tutti i visi si arrossano. "Asciugati il naso!" dicono le voci basse delle donne ai mariti. Il caldo cresce, il vino bolle nello stomaco.

Giovanni si svegliò: "Oh, la bestia che sono!... Che stupido sonno ho fatto!... Oh, la bestia che sono!"

La moglie, che dormiva, sorridendo, entro una sciarpa, si svegliò anche lei. "Ho sognato la Sicilia!" disse.

A Roma, scesero dal treno e si recarono, dietro l'esortazione di alcune voci cavernose, al quinto binario, ove sostava una catena di vagoni fra le ceste, scatole, galline legate a mazzo per le gambe. Infagottati entro cappotti e sciarpe, che li rendevano enormi, bambini dalla piccola faccia venivano issati più alto dei bagagli, e porti dalla banchina ai finestrini, alcuni poi ritornati alla banchina, dopo essere stati furiosamente baciati, altri invece ritirati nell'interno del vagone. Tutti erano affaccendati, pentiti, desiderosi, e, dopo cinque o sei passi di corsa, tornavano indietro come se avessero dimenticato qualcosa; si chiamavano da vicino con la voce che si getta a un naufrago lontano; si ritrovavano ogni momento con un sorriso di gioia, subito spento o seguito da un rimbrotto per questo o quello che non andava bene. Al segnale della partenza, si gettarono le braccia al collo, mangiandosi coi baci, e piangendo con gran rumore.

Giovanni spinse Ninetta sul predellino, e si fece largo a stento fra due signore che non sapevano più salire sotto il grave peso della commozione.

Lo scompartimento, in cui Giovanni e Ninetta entrarono, aveva tutta l'aria di una casa ove abitasse da lungo tempo una famiglia numerosa: pareva che qui si fossero sposati la madre e il padre, e qui fosse nato il piccolo bambino giallo che ora succhiava una mammella. Un calore e odore di vita umana e d'affetti impregnavano di sé perfino il foglio di giornale ch'era rimasto accartocciato presso il finestrino; e intanto, snidato dal piede di un ragazzo, la cui gamba era fasciata in due punti, usciva di sotto il divano un involto, che, aprendosi lentamente, mostrava le sue scorze d'arancia: subito la calcagnata di un altro bambino faceva sprizzare da quelle bucce un profumo acidulo nell'aria.

Colpito gradevolmente alle narici, Giovanni diventò allegro e brioso. E quest'allegria e brio, egli impiegò a parlare, nell'orecchio della moglie, ancora una volta male dei siciliani. Fece alcune osservazioni sui loro costumi, e fu molto sottile: "Perché diciamo che sono sguaiati nel modo di parlare? Ogni popolo ha il suo modo!... Ma è sguaiato il parlare con la bocca aperta, emettendo un lamento per ogni vocale!..."

"Proprio!" disse ammirata Ninetta. "Vedi come ti ha fatto bene il frequentare uomini di spirito a Milano?"

Giovanni sorrise di compiacenza, e si mise a guardare, l'uno dopo l'altro, i suoi compagni di viaggio. Anch'essi risposero al suo sguardo; ed egli, per alcuni minuti, si crogiolò dentro quegli occhi neri, scintillanti e spaventati, come nel calore di un vecchio camino.

Così giunsero nello stretto di Messina e videro, sotto un sole di ferro bollente, avvicinarsi alberi e piante che parevano quelli del mondo intero ammucchiati tutti in un'isola, come, sulle banchine di un porto, talune mercanzie, che verranno poi mandate in ogni parte.

I compagni di viaggio erano altri: sedeva, vicino alla porta, una straniera che fumava. In piedi nel corridoio, alcune popolane, che non avevano trovato posto in terza classe, la guardavano torve, e parlavano di lei: "Io, comare, quando vedo una donna col succhiatoio in bocca, le appiccherei il fuoco di sotto e la manderei al diavolo!"

"Eh, il diavolo è maschio!"

"No, il diavolo è l'incarnazione della donna!"

"Il diavolo è caldo perché sta nell'inferno!"

Accanto, c'era un vecchio che incominciava tutti i suoi racconti con le parole: "Feci la bestialità..." "Oh, amico mio," mormorava, "feci la bestialità di andare a Roma." Si sentiva anche: "Occhi e denari sono forti da strappare!... A chi ti leva il pane, levagli la vita!"

Dopo Taormina, la campagna raddoppiava i suoi fiori: non c'era punto, sia pur minimo, da cui non spuntasse un che più vivo e delicato di una cosa e meno furbo di un animale. Tutto quello ch'era buttato per la campagna era fiorito con lei. C'era una scarpa vecchia in un prato? Ebbene, anche dal suo tacco spuntavano le margherite. E un secchio sgangherato, sotto un albero di limone, non portava forse i suoi papaveri rossi?

"Quando il fuoco è grande," pensò Giovanni, "ogni cosa ci arde!" E si tolse la giacca, alzando verso il sole le labbra e il mento.

"Certo, è bello!" disse Ninetta. "Ma è noioso!"

"Oh, noiosissimo!" rispose Giovanni. "Come si può vivere qui?"

I cocchieri, con la pipa, da cui arriva il fumo alle narici dei passeggeri e le faville sul pastrano; le carrozze che, inciampate nei vecchi binari, si svellono sbattendo ora a destra su una carretta di verdure ora a sinistra su una botte vuota, e di qui e di lì negl'insulti dei passanti: "Ove ci hai gli occhi, malanuova?.... Il Signore ti dovrebbe raccogliere al più presto!" cui fa eco, masticato con la cannuccia della pipa, un "Cornuti!" del cocchiere; le gaie parolacce: "Delinquente, forca, avanzo di galera! Ti spacco la faccia, figlio di mala femmina!" così grida un omaccione verso un muretto; e sul muretto chi c'è? un marmocchio di cinque anni con un lungo soprabito, librato furbamente sui piedi nudi e pronto a spiccare il volo: "Avanti!" grida il pescivendolo ai passanti, dietro la panchetta con le bilance. "Orsù, comprate quest'ultimo chilo di pesce, ché me ne devo andare!" ma, dentro la macelleria, il beccaio alza il capo, al di sopra della folla che si pigia contro il bancone di marmo, e strizza l'occhio a un minuscolo e vecchio pretore, come per dire: "Non è per voi, questa carne d'agnello! Lasciatela comprare ai gonzi!" e il vecchio pretore si allontana perplesso, sospettando, e non a torto, che il beccaio lo abbia trattato in un modo così gentile, non perché la carne sia cattiva, ma perché egli non ha pagato il conto del mese scorso... Sempre quella mania di fabbricare palazzi di tre piani, quando si hanno sì e no i soldi per terminare il pianterreno. Ed ecco nuovi edifici, abitati nei bassi, e coi balconi senza imposte e ringhiere nel primo, secondo e terzo piano, dei quali si erge maestosa la sola facciata. Belli a vedersi, senza dubbio, con le nuvolette e il cielo azzurro che riempiono lo spazio in cui avrebbe dovuto abitare il padrone coi suoi figli; ma Dio mio, che tristezza!... E i carri che cigolano, e i tram fermi davanti a un mucchio di casse, sedie, tavolini, mentre il manovratore, stanco di strimpellare, scende a bere alla fontanella vicina, donde ritrae il muso gocciolante un asinello grigio! E le ombre celesti di tutto ciò che passa e si muove, ceste corbelli involti involtini sacchi lenzuola oleandri platani alberi di pepe, casse di zolfo, nella luce di rosa! E l'odore particolare del sole di maggio sulla strada bagnata, in cui le scorze di limone e le foglie di lattuga, calpestate e spremute da centinaia di pedate, tornano a verdeggiare e sollevarsi!...

Così Giovanni e Ninetta rientrarono a Catania. Avevano lasciato i bauli al deposito della stazione, per essere spicci e liberi come due forestieri. Passeggiarono per un'oretta, riconosciuti a stento dai vecchi amici. Poi litigarono, con molta grazia, sulla opportunità di andare prima a casa di lei o in casa di lui. Un soldino, a cui fu lasciata la decisione, cadendo dalla parte del Re, decise che sarebbero andati prima in casa di Giovanni.

Così fecero. Le tre sorelle scoppiarono subito in pianto: trovarono il loro Giovanni assai malandato.

"Ma siete pazze!" diceva Ninetta, smarrendo la solita calma. "Sta benissimo! Ha l'aria di uno che gioca al tennis! È un altro uomo!"

"E sì ch'è un altro, e sì ch'è un altro!" piagnucolava Barbara.

Giovanni cercava di ridere, e ripeteva: "Ma insomma, basta!" E intanto annusava i vecchi odori della propria casa, e li percepiva e distingueva tutti, perfino quello delle coltri ammucchiate nel corridoio, vicino alla sua camera, per il caso che, di notte, egli sentisse freddo.

"Ebbene, fateci mangiare!" disse ridendo.

"Ma è pronto!" fece Rosa.

Presto si trovarono seduti dietro un vero ben di Dio che riempiva piatti e zuppiere, e fumava velando il lampadario.

"Io non mangio più in questo modo!" disse Giovanni. "Così mangiano gli animali! Ma, per oggi, voglio tornare ai vecchi tempi!"

E infatti, tutta la roba che fu rovesciata dalle tre sorelle nel suo piatto gli sparì dentro.

"Non so se mi sento male o bene!" disse alla fine, alzandosi da tavola; una pienezza calda e rumorosa gli bolliva nelle vene, gli assordava le orecchie e apriva il cervello a una folla d'immagini.

"Ricordate," soggiunse Giovanni, ridendo, "quando alla fine del pranzo, andavo sempre a coricarmi? Ora non sento più questo bisogno!"

"Il tuo letto è sempre lì," disse Lucia.

"Non lo abbiamo toccato," aggiunse Rosa.

"Se vuoi riposare, non hai che da andare nella tua camera!"

Giovanni scoppiò a ridere, guardando Ninetta che si mordeva l'unghia dell'indice.

"Quasi quasi," disse, sempre ridendo, "vorrei provare come ci sto, dentro quel vecchio letto!"

"Ma no, ti prego, su!" esclamò Ninetta. "Dobbiamo andare a casa mia!"

"Un solo minuto! Il tempo di entrare sotto le coperte, e uscirne! Lasciami levare questo capriccio!"

"Fa' come vuoi! Ci vuole molta pazienza con te! Ma ti prego di pensare che i miei ci aspettano per le tre!"

"Io farò tutto in dieci minuti. Non dormirò mica, sta' sicura!"

Quel *mica* fece voltare le sorelle, che si guardarono a vicenda negli occhi. Barbara si mise a ridere, come una gallina che ha la tosse.

"Che hai?" domandò Giovanni.

Anche Rosa e Lucia furono prese da striduli scoppi di risa.

"Nulla, nulla!" disse Rosa che, asciugandosi gli occhi col grembiule, fu la prima a tornare serena. "Ridevamo per un fatto dell'altro ieri che successe proprio in questo minuto!"

"Bene!" disse Giovanni, e, ripreso dall'antico cipiglio di capo della casa, borbottò: "Le imposte sono chiuse, nella mia camera?"

"Chiuse!" gridò Barbara, saltando dalla sedia col viso improntato all'antica premura e obbedienza. "Ti dico che tutto è sempre al suo posto!"

"Arrivederci, dunque!"

E Giovanni lasciò la sala da pranzo mettendo un passo dietro l'altro nel vecchio corridoio, che lo toccava, al passaggio, con gli spigoli dei tavoli, i piedi delle sedie e i pomi delle spallette, ammucchiati dietro coperte bianche appese a uno spago, in vece di tende e paraventi.

Nella sua camera, ritrovò ogni cosa a tastoni, perché gli scuri erano chiusi: in ultimo, accese la lampada del capezzale.

Giovanni si spogliò lentamente, e, alzate con cautela le coperte, in modo da lasciarle rincalzate, s'introdusse sotto il piccolo e morbido archetto di lenzuola, coltri, coltrone, celone e copripiedi, che s'era così formato sul materasso.

"Uhuuu, com'è freddo!" disse raggruppandosi tutto fino a prendersi i piedi con le mani. "Uhuuu, com'è freddo!" E gli vennero in mente vecchie parole di amici: "Arronchiati! Accucciati!"

Ma non era passato un minuto, che il materasso si apriva sotto di lui in modo ch'egli profondò tiepidamente fra due onde di lana che gli assieparono i fianchi; e il fondo, pur cessando a un certo punto di abbassarsi, rimase sempre vago, scivoloso e caldo. Il copripiedi, come se fosse pieno di mani affettuose, gli circondò e calzò le caviglie e i ginocchi; e il lenzuolo gli scivolò dolcemente sulla bocca fino a coprirgli il naso, lasciando però uno spiraglio per l'aria che, prima di arrivare alla pelle, diventava tiepida.

Tutto il corpo gli s'intiepidì, e fin dai calcagni, che a Milano s'era trascinato dietro come pezzi di ghiaccio, gli salì alla testa un'onda di sangue calda e mormorante. Rivide le signore lombarde; ma al paragone di come le aveva viste, sembrava che proprio allora fossero ricordi dilavati e ora invece donne vere. E che donne!... Gemette piano piano sul cuscino, lasciandovi un po' di saliva. Una luce accecante si partiva dalle loro carni, fra le sottane di seta! E come aveva potuto resistere? Come non se le era mangiate a morsi quelle gambe, quelle caviglie?... Il bisogno di raccontare gli formicolò nella lingua: desiderava che Muscarà e Scannapieco gli sedessero, come ai bei tempi, vicino al capezzale.

"Uhuuu! Adesso dormo un minuto!"

E infatti chiuse gli occhi.

Dopo un minuto di sonno, duro come un minuto di morte, li riaprì freschissimi. Trovò nel buio il tasto del campanello, e suonò.

Barbara apparve, nel vano della porta socchiusa.

"Apri le imposte, sorella mia!" disse egli.

Le imposte furono aperte, ma non entrò che buio.

"Come, buio?" esclamò egli.

"Certo! Sono le otto!"

"E quanto ho dormito?"

"Cinque ore!"

"Cinque ore? M'è sembrato un minuto!"

"Ninetta," aggiunse Barbara, nella penombra, "non ha voluto svegliarti, ed è andata in casa del padre."

"Nel tempo che staremo a Catania," disse egli, voltandosi bocconi e ponendo il mento sul cuscino caldo, "credo che sia meglio che lei dorma a casa sua, e io qui, a casa mia!"

Zafferana Etnea, 1940

INDICE

I GRANDI Tascabili Bompiani
Periodico settimanale anno XIII numero 277
Registr. Tribunale di Milano n. 269 del 10/7/1981
Direttore responsabile: Giovanni Giovannini
Finito di stampare nel maggio 1994 presso
il Nuovo Istituto Italiano d'Arti Grafiche - Bergamo
Printed in Italy

L. 12.000